적폐역사 개념역사

LESSONS OF HISTORY

적폐역사 **개념역사**

LESSONS OF HISTORY

적폐역사 **개념역사**

초판 1쇄 | 2017년 6월 10일
초판 2쇄 | 2017년 6월 27일
지 은 이 | 오 룡
펴 낸 이 | 김종경
편집디자인 | 코애드
출력 · 인쇄 | 올인피앤비
펴 낸 곳 | 북앤스토리
경기도 용인시 처인구 지삼로 590 (삼가동186-1)
전화 031-336-8585 팩스 031-336-3132
이 메 일 | iyongin@nate.com
등   록 | 2010년 7월 13일 · 신고번호 2010-8호
ISBN | 979-11-952202-8-1
값 15,000원

이 도서의 국립중앙도서관 출판예정도서목록(CIP)은
서지정보유통지원시스템 홈페이지(http://seoji.nl.go.kr)와
국가자료공동목록시스템(http://www.nl.go.kr/kolisnet)에서
이용하실 수 있습니다.
(CIP제어번호 : CIP2017013492)

적폐역사
개념역사

오룡 지음

LESSONS OF HISTORY

책 머리에

역사를 가지고 세상을 향해 말할 수 있음으로… 위로받는다

우리가 역사를 공부하는 이유는 올바른 가치 판단에 도움을 주기 때문이다. 단편적인 시각이 아닌 사실 관계의 명확성을 우선하여 다양한 근거의 추론 능력을 배우는 것은 덤이다.

과거의 사실 자체는 보는 사람의 인생관과 세계관에 의해 분산될 것이다. 그러므로 정의가 승리했는지, 승리한 것이 정의인지를 판별하는 것은 쉽지 않은 일이다. 불의도 일단 승리하고 나면 정의가 되기위해 엄청난 노력을 하는데, 이 과정에서 심각한 왜곡이 발생하기 때문이다. 이런 일들이 성공해서 교과서에 실리기도 하고, 어쩌다가 역사 앞에 까발려져서 반역이 되고 쿠데타가 되기도 하지만 그 또한 영원하다고 할 수 없다. 그래도 "역사가는 임시로 선택한 사실들과 그러한 사실들을 선택하도록 한 해석 그것이 타인의 것이든 자기의 것이든, 이 두 가지를 가지고 작업을 시작한다." "역사란 한 시대가 다른 시대 속에서 주목할 만한 가치가 있다고 생각한 일들에 관한 기록"이라는 E. H. 카의 주장을 근거로 삼아 부족한 글들을 조금씩 남겼다.

브레이크 없이 질주하는 세상 앞에 가끔은, 절망을 통해 희망을 꿈꾸었던 시절에 대한 위로와 연민을 심어 준 역사로 세상을 향해 말할 수 있어 다행이다. 나아가 예민한 촉수의 감성들을 흔들어 깨워 지난 시절에 가졌던 '인간다움'의 모습을 아주 조금은 끄집어 낸 것 같다.

이 책이 주목한 것은 역사의 이면(裏面)을 알아보는데 있었다. 이면을 제대로 알고 있어야만 흔들림 없는 판단의 기준이 나올수 있다. 부족한 필력을 가지고 좌충우돌 달렸다. 정의와 불의 사이에서 정확한 방향을 잡는 것은 정의를 찾는 이들의 몫으로 남겨두고자 한다.

지난 몇 년 동안 주간 신문에 연재되었던 내용들이, 세상에 나올 수 있도록 엮어준 북앤스토리 김종경 대표님께 감사드린다.

2017년 벚꽃 대선이 있던 날에

오룡

차례

• 책 머리에 / 역사를 가지고 세상을 향해 말할 수 있음으로… 위로 받는다 *006*

1
삼국의 역사타파

• 찬란했던 백제의 한성 시대를 마감하게 만든 개로왕의 토목공사 *015*
• 을지문덕은 고구려의 장군이다 *018*
• 화백회의가 민주주의의 원형이라고… *021*
• 처용에 대한 오만가지 상상 *024*
• 황산벌의 계백, 망국의 패장을 위로해 준 김부식 *027*
• 고구려의 형사취수제는 패륜이 아니다 *030*
• 부여에 남겨진 소정방의 낙서(?) *033*
• 8세기의 일본은 한반도 침략을 대규모로 준비했다 *036*
• 드라마와 사실의 차이가 만들어 낸 최고의 스타는 비담이다 *038*
• 신라의 화랑들은 꽃미남이었을까? *041*
• 온달은 영웅이 아니다, 이 땅을 지켜낸 진정한 바보였다 *043*
• 초기 고구려의 왕위계승 진실은 무엇일까 *046*
• 가난 때문에 몸을 팔아야 했던 지은을 효녀로 만들어 준 신라는 왜, 망했을까? *048*
• 반성 없는 역사에 미래는 없다, 특권을 지키려다 나라가 망했다 *052*

2
고려의 역사타파

• 궁예를 위한 변명, 그는 왜 폭군이 되었나 *059*
• 4명의 왕, 여덟 번을 즉위한 원 간섭기의 고려 *062*
• 우왕은 정녕 신돈의 아들인가. 그렇다면 생모는? *065*
• 목화씨의 전래와 농민들의 무명옷 이야기 *067*

- 죽음을 택한 마지막 승부수, 영원한 충신의 자격(?)을 얻은 정몽주 *070*
- 몽골과 맞장 뜬 처인부곡에는 김윤후가 있었다 *073*
- 고단했던 시대의 상징물인 경천사터 10층 석탑의 수난 *076*
- 백성 버리고 도망친 무신 정권의 최고 권력자 최우, 그는 강화도에서 행복했을까? *079*
- 시대의 흐름을 거부한 위화도 회군의 좌군 도통사 조민수 *082*

3

조선의 역사타파

- 세금을 내기 싫어한 양반들에게 100년의 저항을 받은 대동법 *089*
- 누가 그들을 열녀라 칭했고 환향녀라 불렀나 *092*
- 경상도 보리문둥이(?)는 이렇게 시작되었다 *095*
- 호랑이 담배피던 시절의 담배 이야기 *098*
- 성공한 정변, 세조 즉위로 부패한 특권집단이 훈구파가 됐다 *101*
- 우리가 먹는 김치는 조선시대에 만들어졌다 *103*
- 아무나 칠 수 없는 조선의 신문고 *105*
- 정암 조광조는 현실을 무시한 이상주의자였나, 왕도정치를 준비한 개혁자였나 *106*
- 뮤지컬과 드라마는 역사가 될 수 없다, 누가 그를 조선의 국모라고 불렀나! *109*
- 잃어버린 간도, 사라져 버린 백두산 정계비 *111*
- 성균관 학생들도 시위했다 *113*
- 허균, 능지처참을 당하다 *116*
- 매매·상속·증여의 대상이었던 노비는 갑을관계에 의한 현대판 비정규직이다 *119*
- 권력에 취한 연산군과 재물에 눈먼 황희의 아들 황수신 *121*
- 억울한 호소, 격쟁을 울려라 *123*

• 일확천금을 꿈꾸다, 흥부전의 박씨와 상평통보의 발행 125

• 강화도령 철종은 정말 일자무식이었나 127

• 무능한 인조에게 삼전도의 치욕은 그나마 다행이었다 130

• 투표를 실시한 세종, 토지세 결정을 위해 17만 여명에게 찬반을 묻다 133

• 생즉필사 사즉필생(生卽必死 死卽必生) 135

• 꽃처럼 아름다운 화성 137

• 김만덕에게 경영을 배워야 한다 140

• 인격을 중요시한 조선의 조기교육 143

• 영조의 위민 사상에는 허세가 없다 146

• 대한제국, 부정축재의 끝판왕들은 최고 권력자의 비호를 받았다 149

• 일본에 의한 침략 전쟁을 '임진왜란'이라고 불러야만 하나 152

• 병자호란, 주전파에게 백성들은 버리는 패였나 154

• 백성을 위한 나라는 없었다 157

• 효종의 북벌과 송시열의 북벌은 다르다 159

• 미국과 맞장 뜬 용감한 조선 162

• 현모양처라 불리는 사임당 신씨,
  그녀를 독립된 여성으로 다시 해석하라 165

• 매천 황현, 그는 애국적 보수주의자였지 고루한 양반은 아니었다 168

• 광해군의 외교 감각,
  민족적 자존과 국가의 이익을 위한 탁월한 리더십 171

• 타락한 권력을 비판하고 벼슬을 거부한 조식 174

• 백성이 가장 귀하고 임금은 가장 가볍다 176

• 조선을 가장 먼저 배신한 나라를 우리는 기억해야 한다 179

• 무녀가 권력을 잡고 국정에 개입했다 182

4
일제강점기의 역사타파

- 금광은 우리에게 노다지가 아닌 노 터치를 남겨줬다 *189*
- 33명의 민족대표가 3·1 만세운동의 전부는 아니다 *192*
- 삶의 출발은 비슷했으나 마지막은 달랐던 민영환과 이완용 *195*
- 노블리스 오블리제, 이회영의 정신이다 *197*
- 장충단과 신라호텔, 경운궁과 덕수궁─역사는 말이 없다 *200*
- '시일야방성대곡'의 장지연과 김구 암살범 안두희 *203*
- 맥아더가 살려준 일본의 히로히토 *205*
- '……한다더라'와 유언비어의 차이는…? *208*
- 왜곡하는 언론, 배신의 트라우마 *210*
- 살아남은 자들이 남긴 슬픈 고백, 우리는 지금 어떤 고백을 해야하나 *212*
- 역사는 흐른다─박상진과 장승원, 김원봉과 장택상 *215*
- 친일에 대한 확신범, 그들에게 반성문은 없다 *218*
- '정신대'와 '종군 위안부', 일본군 '위안부' *221*
- 언론은 받아쓰기와 베껴쓰기를 하지 말아야 한다 *224*
- '잎새에 이는 바람에도 나는 괴로워했다' *227*
- 독립을 위해 무엇을 할 것인가? *230*

5
대한민국의 역사타파

- 한강은 알고 있다, 누가 서울을 버렸는지… *237*
- 경복궁과 총독부, 경무대와 청와대 *242*
- 역사학자와 판사의 차이는? *244*
- 선조와 이승만의 닮은 꼴, 다른 꼴 *246*
- 완벽하게 이길 수 있는 전쟁에서 이기지 못한 맥아더 *250*

1.
삼국의
역사타파

찬란했던 백제의 한성 시대를
마감하게 만든 개로왕의 토목공사

'나라 사람들을 모두 동원해서 흙을 구워 성을 쌓고 그 안에 궁실(宮室)·누각·정자를 마련했다. 굉장하고 화려하지 않은 것이 없었다. 큰 돌을 욱리하(한강)에서 가져와 곽을 만들어 아버지의 뼈를 묻고 강을 따라 제방을 쌓으니, 사성(蛇城, 풍납토성) 동쪽에서 숭산(검단산) 북쪽까지 이르렀다. 이로 인해 창고가 텅 비고 백성이 곤궁해지니, 나라의 위기가 알을 쌓아 놓은 것보다 더 심했다.'

『삼국사기』 백제본기에 나오는 개로왕의 풍납토성 보수공사 관련 기록이다. 개로왕(재위 455~475년)은 고구려에게 한성을 빼앗기고 아차산에서 최후를 맞이한 비극의 왕이다. 개로왕의 죽음은 백제 몰락의 시초였다. 한강유역을 상실한 백제는 130여 년 동안 한강을 볼 수 없었다.

서울 석촌동 백제 고분군으로 돌무지 무덤 양식이다

적자 재정으로 궁핍해진 백제는 군대의 유지조차 힘들었다. 남진 정책의 기회를 노리던 고구려의 장수왕은 3만의 군대를 보내 불과 7일 만에 한성을 함락시켰다. 개로왕은 백제 출신의 고구려 장군인 고이만년에게 붙들렸다. 그들은 옛 주군이었던 개로왕에게 절한 뒤에 왕의 얼굴에 세 번 침을 뱉고서는 아차산(풍납토성 건너편, 천호대교 북단)으로 끌고 가서 죽었다. 태자 문주는 한성을 버리고 웅진(공주)으로 도읍을 옮겨야 했다.

왜, 개로왕은 토목사업에 매달렸을까? 도림의 부추김 때문이다. '고구려 장수왕이 백제를 침공하고자 하면서, 그쪽에 간첩으로 갈 만한 사람을 구했다.'고 한다. 장수왕의 지시에 의해 승려 도림은 백제로 망명한다.

　도림이 개로왕과 나눈 이야기는 상세한 기록으로 남았다. 도림의 바둑 실력에 탄복한 개로왕은 그를 국수(國手)라고 떠받들면서, 도림을 너무 늦게 만난 것을 후회할 정도였다. 어느 날 바둑을 두며 도림은 말한다. "대왕에게 받은 은혜는 너무나도 큰데 자신이 해 드린 것이 적어서 마음이 괴롭다."라며 머뭇거렸다. 그 모습을 보고 개로왕이 말을 해보라며 재촉하자, 도림은 입을 열었다. "이웃나라들이 감히 범접할 수 없는 천혜의 요새에서 나라를 통치하고 계신 대왕의 위엄과 권위를 세워야 한다." 며 "이처럼 성곽과 궁실도 제대로 짓지 않고 백성들의 가옥을 홍수에 방치하고 있으니, 이렇게 해서야 어떻게 대왕의 체면을 살릴 수 있겠느냐."는 것이었다.

　대규모 토목공사를 일으켜 왕의 체면도 세우고 홍수 피해도 막아야 하는데, 이렇게 가만히 계시니 자기 마음이 아프다는 것이었다. 자극을 받은 개로왕은 즉각적으로 사업을 벌이다가 나라를 망친 것도 모자라서, 붙잡혀 죽임을 당했으니 얼마나 비참한 말로인가. 최초의 한강 정비 사업은 현재의 천호대교에서 미사대교 정도까지 제방을 쌓았을 것으로 추정된다.

　21세기에도 자신의 욕심을 위해 천문학적 예산을 투입해 4대강 정비 사업을 벌였다. 그를 위해서도, 국민을 위해서도 비극이 일어나지 않기를 바랄 뿐이다.

신기한 책략은 하늘의 원리를 통달 하였고
오묘한 꾀는 땅의 이치를 꿰뚫었으며
전쟁에서 이겨 공 또한 이미 높으니
족한 줄을 알고 그만 돌아감이 어떠한가

을지문덕은 고구려의 장군이다

고구려의 을지문덕 장군이 수나라 사령관 우중문에게 보낸 「여수장 우중문시」이다. 현존하는 최고의 시로 문학적으로도 뛰어난 작품이다. 우리 역사 최대의 승전이었던 살수대첩 당시 고구려의 총사령관이었던 을지문덕은 누구인가. 결론부터 말하면 아는 것이 없다. 언제 태어났는지, 언제 죽었는지, 태어난 곳은 어디인지, 부모가 누구인지 모른다.

360년간의 중국 분열시대였던 남북조를 통일한 대국 수나라가 고구려 공격 시부터 을지문덕을 사로잡아야 한다고 했던 것으로 볼 때 중국에는 알려져 있었을 것으로 추측된다. 612년 수나라의 113만 대군이 요동으로 진군할 때 고구려가 전개한 작전은 수성전(守城戰) · 지구전(持久戰) · 유인전(誘引戰) · 기습전 이었다.

단일민족을 강조하던 시기에 금기시 했던 을지문덕의 이민족 출신설의 근거를 살펴보자. 북송의 사마광이 지은 『자치통감』에는 을지문덕(乙支文德)을 위지문덕(尉支文德)이라 기록하고 있다. '을'이 '위'로 잘못 기록된 것일 수도 있으나 위지(尉支)는 원래 북위를 세운 선비족의 성으로 위지(尉遲)라고 불렀다. 당 태종 때에 활동한 위지경덕(尉遲敬德)도 그 일족이라 한다.

남북조와 수 · 당 교체기의 혼란기에 유목민족의 후손들 중에서 개인의 능력에 의해 역사에 이름을 남긴 위지경덕처럼 을지문덕은 중국이 아닌 고구려로 망명한 인물일지도 모른다. (우리 역사학계는 전국시대와 진·한 교체기에 한반도로 유입된 위만 세력이 준왕을 몰아내고 위만조선을 개국한 것에 대해 유연하게 해석하고 있다.)

고대인들의 대다수가 성(性)이 없었던 것처럼, 을지문덕의 성을 '을지'라고 할 수 있다. 다른 한 편으로 '을'이 성이고 '지'가 존칭의 의미로 사용되었을 경우 을파소의 후손이라고 확정하기 어렵다. 만주와 연해주, 한반도 일대에 걸친 대제국 고구려는 예족과 맥족은 물론 말갈족과 거란족 등의 다양한 종족들이 있었다. 초원길을 달려 오늘날의 우즈벡 사마르칸트 인근 아프랍시압 궁전벽화에 남겨진 새의 깃을 꽂고 모자를 쓴 고구려인의 모습을 볼 때 출신지와 혈통뿐만 아니라 개인의 능력을 인정해 준 사회였다.

현재의 가치관을 역사에 투영한 교과서의 단일민족 관점이 잔상으로 남아있지만, 민족은 처음부터 고정불변으로 출발한 것이 아니라 역사 발전의 결과물이다.

수·당에게 고구려 정벌을 요청하는 백제와 신라의 지배층을 보면 삼국통일 이전의 고대사에서 민족 개념은 희박하다. 을지문덕이 설사 초원을 떠돌던 유목민의 후손이었다 한들, 612년 수양제의 별동대 30만을 물리친 고구려의 장군이었다는 것은 분명한 기록으로 남아 있다.

화백회의가 민주주의의 원형이라고…

"진덕여왕 때에 알천·임종·호림·술종·유신·염장이 남산 무지암에 모였다. 이때 호랑이가 나타나 좌석 가운데로 뛰어들자 모두 놀라 일어났으나 알천은 태연히 호랑이의 꼬리를 잡아 메어쳐 죽였다. 알천의 힘이 이와 같으므로 회의의 첫 자리에 앉았으나, 사람들은 모두 유신의 위엄에 복종하였다."

일연 스님의 『삼국유사』에 나오는 이야기로 신라 최고의 귀족들이 회의하던 모습을 생생하게 보여준다. "신라에는 성스러운 장소가 네 곳이 있어 국가의 중요한 일을 결정할 때 대신들이 그곳에 모여 의논하면 반드시 순조롭게 이루어졌다."라는 문장이 있다. 이 성스러운 장소들이 동쪽의 청송산, 남쪽의 무지암, 서쪽의 피전, 북쪽의 금강산이라고 밝혀놓고 있다.

'화백'이라는 회의의 명칭은 중국의 신당서에 최초로 나타나는데, 통일 신라 이전에는 다르게 불렀을 수 있다는 의미이다. 회의 장소가 대부분 산봉우리, 수풀이 우거진 곳으로 볼 때 아주 오래전부터 신성시 된 곳이다. 이는 부족사회의 공동 집회에서 유래한 것으로 6촌(村)락에서 출발한 신라가 6부(部) 사회체제로 이행되는 과정에서 나타났을 것이다. 반대하는 세력이 나타나면 국가를 운영하기 어렵기 때문에 만장일치라는 전통이 나온 것이다.

6부의 대표자들은 국왕 선출권이 있었다. 신라 초기에 박·석·

김씨가 교대로 왕위를 계승하였다는 사실은 회의체를 통해 왕이 선출되었음을 뜻한다. 이러한 기록은 삼국사기에 왕이 죽고 아들이 없거나 나이가 어린 경우에, 국인(國人)이 모여 왕을 추대한다고 나오는데 여기서 국인은 6부의 대표자이다.

전원합의체 형식의 화백회의는 민주주의 제도와는 거리가 멀다. 그런데도 화백회의가 우리 고유의 토착화된 민주주의 원형처럼 인식되고 있다. 유신정권의 통일주체국민회의에서 100% 가까운 지지를 받아 대통령이 선출되는 것이 완벽한 '한국적 민주주의'라던 시절에 주입된 교육의 효과 때문이다.

경주 남산

화백회의는 왕권 견제에서 출발했다. 행정부를 감시하는 의회의 기능도 있다. 하지만 왕에 대한 견제 목적은 귀족들의 이해를 위한 것이고, 회의에 참가하는 층은 최고 귀족층 뿐이었다. 따라서 법 앞에서 평등한 권리를 가진 시민들을 대변하는 의회와는 다르다.

과거에 존재한 제도나 관습을 구체적인 역사적 배경지식 없이 이해하는 것은 몰역사적이다. 기능과 형식이 비슷하다고 해서 화백회의를 민주주의의 원형이라고 판단한다면, 역사적 사건과 내용에 대해서는 하나의 시각만 존재할 것이다. 역사를 국정 교과서로 단일화하면 안 되는 이유다.

경주 원성왕릉 앞에 있는 무인석이 서역인을 닮았다.

처용에 대한 오만가지 상상

　고등학생 시절에 유난스레 고전문학을 좋아했다. 한자가 주는 공간의 여백을 마음껏 즐길 수 있기 때문이다. 「처용가」를 배우던 날, 자신의 아내와 몰래 잠자리를 하고 있는 외간 남자를 용서하는 내용에 대해 '미친놈'이라고 말했다. 선생님이 내린 벌칙으로 『삼국유사』에 나오는 향가 14수를 다 외울 때는 행복했다.

　그렇다면 한번 상상력을 발휘해서 처용이 살았던 9세기 말 신라로 가보자. 헌강왕이 동해안 개운포(지금의 울산 부근)에 놀러 갔다가 갑자기 구름과 안개가 자욱하여 길을 잃었는데, 일관(점을 치는 관리)의 말인 즉, "동해바다 용의 훼방이니 좋은 일로 풀어줘야 한다."는 것이었다. 근처에 절을 짓고 복을 빌라는 명령을 내리자 즉시 구름과 안개가 사라졌다는 것이다.

　동해 바다 용이 기뻐 일곱 아들을 데리고 나와 놀다가 그 중 한명이 왕을 따라 경주에 와서 급간의 벼슬을 받았다. 왕이 미녀를 아내로 맞게 해주었는데, 아름다움을 탐낸 역신(疫神:질병을 옮기는 귀신)이 사람으로 변하여 아내를 유혹(?)한 것이다.

　동경 밝은 달에 밤새 놀며 다니다가/ 집에 들어와 자리를 보니 가랑이가 넷이어라/ 둘은 내 것인데 둘은 누구 것인고/ 본디 내 것이지만 빼앗겼음을 어이할꼬

노래를 들은 역신이 너그러움에 감격하여 엎드려 빌면서 "앞으로 당신의 모습을 그린 그림만 보아도 문 안에 들어가지 않겠다"고 맹세하니 그 뒤에 사람들이 처용의 모습을 문에다 붙였다.

9세기의 신라는 상황이 급박했다. 점점 진골귀족들의 태평함과 여유로움은 불안 증세를 보이기 시작했다. 지방 호족세력의 성장을 견제하려는 왕실은 결혼을 매개로 호족을 중앙관리로 등용한 것이다.

동해바다의 용은 호족으로, 역신은 화려하지만 퇴폐적인 도시 경주에 사는 귀족들을 상징하고 있다.

일부에서는 처용을 아라비아인으로 보기도 한다. 9세기에 이슬람 문헌에는 '신라라는 나라에 간 무슬림들은 좋은 환경에 매료되어 영구 정착해 버린다.'고 나와 있다. 경주 괘릉(원성왕릉)의 무인석은 한국인의 모습과는 다르게 우람한 체격에 높은 코와 파마한 것 같은 머리와 수염이 묘사되어 있다.

처용이 경주에 나타난 지방호족 세력이든, 아라비아 상인이든 9세기의 신라는 불안해 보인다. 화려하고 사치스러운 향락 생활을 즐기면서도 불안해하는 귀족들을 용서하는 통쾌한 처용은 백성이 기다리던 희망의 구세주이리라. 그렇다면 팥죽은, 배고픔에 신음하던 신라의 백성들이 새로운 처용을 기다리는 마음으로 끓인 것일까?

황산벌의 계백, 망국의 패장을 위로해 준 김부식

660년 음력 7월 9일. 뙤약볕 조차 피할 곳 없는 황산벌판(지금의 논산시 연산면). 백제의 명운을 걸고 집결한 5000결사대를 지휘한 달솔 계백. 그는 백제의 2관등으로 황산벌 전투에는 계백 이외에도 1관등인 좌평 충상과 상영이 참가했다.

전투 상황을 좀 더 이해할 수 있는 내용은 삼국사기 관창 열전에 있다. "적에게 사로잡혀 산 채로 백제 원수계백의 앞으로 보내졌다." (爲賊所虜, 生致百濟 元帥階伯前)라고 나온다. 원수(元帥)라는 호칭은 백제군을 총지휘하는 장군을 뜻한다. 그렇다면 계백보다 관등이 높은 좌평 충상과 상영은 어떠한 존재인가. 자기보다도 관등이 낮은 계백의 지휘 통솔을 받았다는 것인가.

삼국사기는 관창을 사로잡아 계백에게 보냈지, 좌평인 충상과 상영에게 보낸 것이 아니며 석방할 때도 계백의 명령에 의해 석방시킨 것으로 기록했다. 백제군은 황산벌 주변에 3영으로 진을 나누었다. 백제의 운명을 건 전투에서 의자왕이 가장 신뢰한 장군은 계백이었다. 그에게 5000결사대의 지휘권은 물론 황산벌 전투의 전권을 위임한 것이다. 충상과 상영은 자신의 가병이나 지역 내 귀족들의 군사를 모집하여 계백을 지원하는 형태로 각각 1영씩을 맡아 전투에 참여했을 것이다. 계백을 제외한 나머지 2영은 신라의 김유신에게 항복했다. 오직 계백의 5000결사대만이 치열한 전투로 신라

군의 공격을 4번이나 패퇴시켰다.

　원수계백(元帥階伯)이 바로 황산벌 전투를 지휘한 백제의 마지막 장군이었다. 나라의 멸망과 더불어 패장이 된 계백에 대해서, 백제의 기록을 축소한(?) 김부식은 아낌없이 지면을 할애했다. 『삼국사기』계백 열전 기록을 더 살펴보자.

　一國之人, 當 唐羅之大兵, 國之存亡, 未可知也. 恐吾妻孥, 沒爲奴婢, 與其生辱, 不如死快." 遂盡殺之. 至黃山之野, 設三營, 遇新羅兵將戰, 誓衆曰: "昔句踐以五千人, 破兵七十萬衆, 今之日, 宜各奮勵決勝, 以報國恩." 遂鏖戰, 無不以一當千, 羅兵乃却. 如是進退, 至四合, 力屈以死.

　"한 나라 사람이 당나라와 신라의 대군을 당해내야 하니 국가의 존망을 알 수 없다. 내 처와 자식들이 포로로 잡혀 노비가 될지 모르는데, 살아서 욕을 보는 것보다는 차라리 쾌히 죽는 것이 낫다."며 가족을 모두 죽였다. 황산의 벌에 이르러 세 진영을 설치하고 신라의 군사를 맞아 싸울 때 뭇 사람에게 맹서하였다. "옛날 구천(句踐)은 5000명으로 오나라 70만 군사를 격파하였다. 오늘은 마땅히 각자 용기를 다하여 싸워 이겨 국은에 보답하자. 드디어 힘을 다하여 싸우니 한 사람이 천 사람을 당해냈다. 신라 군사가 이에 물러났다. 이처럼 진퇴를 네 번이나 하였다. 그러나 마침내 힘이 다하여 죽었다."

고구려의 형사취수제는 패륜이 아니다

서기 179년 고구려의 고국천왕이 즉위했다. 일 년 후 연나부 우소의 딸인 우씨가 왕후에 올랐다. 5부족의 반란을 진압한 191년에 왕은 농부 출신 을파소를 등용했다. 그는 빈민 구제를 위한 진대법을 실시한다. 아이를 낳지 못한 왕후 우씨는 친정의 몰락과 함께 권력의 정점에서 밀려났다.

그러던 그녀에게 기회가 찾아왔다. 197년 왕이 갑자기 죽었다. 그날 밤에 우씨는 궁궐을 몰래 나왔다. 우씨는 왕의 첫째 동생인 발기의 집으로 찾아갔다. 왕이 죽은 줄 몰랐던 발기는 자신을 찾아온 왕후를 예의가 아니라며 구박했다. 발기의 집을 나온 그는 동생인 연우를 찾았고, 환대를 받은 우씨는 연우와 함께 궁궐로 돌아왔다.

우씨는 고국천왕의 유언이라고 꾸며 신하들로 하여금 연우를 왕으로 모시게 한다. 그가 고구려의 산상왕이다. 화가 난 발기는 전 왕족인 소노부 세력과 함께 반란을 일으켰으나 실패하자 요동으로 건너가 공손씨(公孫氏)와 손잡고 고구려로 쳐들어 왔다. 이때 막내 계수는 형인 산상왕의 명을 받고 발기의 군대를 물리쳤다. 궁지에 몰린 발기가 "네가 이 늙은 형을 죽이려느냐"라고 소리치자 계수는 "연우 형님이 나라를 양보치 않은 것은 대의가 아니나, 그렇다고 한때의 분을 참지 못하고 나라를 전복하려는 것은 옳지 않습니다. 죽은 뒤에 무슨 얼굴로 선인(先人)을 대하려 하십니까"라고 응수했다.

계수는 차마 발기를 죽일 수가 없었다. 하지만 발기는 너무나 당당한 동생의 일갈에 잘못을 뉘우치고 제 손으로 목을 찔러 죽었다. 형의 죽음 앞에서 계수는 통곡하고 시신을 거둬 후히 장례를 치른 뒤 고구려로 돌아온다. 연우가 왕이 되고, 발기의 반란마저 진압하는 데는 우씨 왕후와 그녀가 속한 연나부의 공이 컸다. 연우는 자신을 왕으로 만들어준 그녀를 왕후로 삼았다. 우씨는 산상왕과 재혼을 한 것이었다.

질투심과 권력욕이 강했던 우씨였지만 산상왕과의 사이에서도 자식을 낳지 못하고, 후궁의 아들이 동천왕으로 즉위할 때까지 살았다. 죽기 전에 남겼다는 유언이 삼국사기 동천왕 본기에 전한다. "내가 행실이 바르지 못 했으니 이제 죽으면 무슨 면목으로 지하에서 국양대왕(고국천왕)을 뵈올 수 있으랴. 나를 미워하여 시체를 그냥 구덩이에 버리지만 않고 묻어주겠다면 선제(산상왕)의 능 옆에 장사 지내주기 바라노라."

우씨가 죽은 뒤 유언대로 산상왕릉 곁에 장사지냈더니 신관(무당)이 동천왕에게 말했다. 고국천왕께서 나타나셔서 "우씨가 산상왕에게 가는 것을 보고 내 분함을 참을 수 없어 우씨와 대판 싸웠

노라! 돌아와 곰곰이 생각하니 낯이 뜨거워 나라 사람들을 볼 수가 없으니 이 일을 어쩌랴? 네가 조정에 일러 무엇으로든 나로 하여금 우씨와 산상왕의 꼴을 볼 수 없도록 막아 달라"고 하셨다. 이에 고국천왕의 능 앞에 소나무를 일곱 겹으로 심어 산상왕릉 쪽이 보이지 않도록 가렸다. 한국사 유일한 형사취수혼의 왕비로, 시기와 질투로 아름답지 못한 삶을 보냈을 여인으로, 죽는 순간에도 묘자리를 걱정했던 그녀는 죽은 후에도 외로웠다.

안정복의 『동사강목』을 비롯한 조선시대에 쓰인 역사책들은 저주에 가까운 비난을 퍼부었다. 그녀의 결혼이 조선시대 가치관으로는 비난받아야 했지만 고구려에서는 자연스러웠던 형사취수다.

부여에 남겨진 소정방의 낙서(?)

역사는 승자의 것이다. 그렇지만 후대에 이어진 기억마저 모조리 차지하지는 못한다. 패자는 가물가물한 기억의 힘으로 살아남는다. 기억으로 남은 문화유산을 보면서 아련한 역사를 생각하면 감정은 분명해진다.

전통 석탑의 백미라고 하는 부여 정림사터 5층 석탑은 푸른 하늘을 향해 날렵한 자태를 뽐내고 있다. 부처를 향한, 나라를 위한 장인의 솜씨가 그대로인 탑에는 처연한 아픔이 배인 듯 새겨져있다.

660년 7월, 13만의 당나라 군대는 사비성을 불태웠다. 화마(火魔)속에 살아남은 웅장한 화강암의 1층 탑신부에 소정방은 자신의 업적을 불멸의 기록처럼 남겼다. '대당평 백제국 비명'은 망국의 나라 백제의 슬픔을 1400년 동안 전달해 주는 메신저로 남았다.

소정방의 기고만장함은 이러하다. "반도의 오랑캐가 만 리 밖에 떨어져 천상을 어지럽게 하고 정사를 그릇되게 하여 백성이 원망하니 우리 황제가 형국공 소정방으로 하여금 원정케 하였으니… 형국공이 일거에 삼한을 평정하였다. 부여 의자왕과 태자 융과 도독, 37주 250현을 두었고 호수는 24만, 인구 620만…"

조선 후기 실학자 정약용은 인근 청양의 지방관인 금정 찰방으로 부임했던 시절 정림사탑을 답사하고 평제비문 글씨를 뚫어지게

충남 부여에 있는 정림사터 5층석탑은 한국 석탑의 개보를 보여주고 있다

관찰했던 듯하다. 훗날 자신의 시문집에서 "평제탑 기록이 공적을 대단히 과장해서 찬양했다."며 "중국의 일 벌이기 좋아하는 호사자(好事者)들에게 준다면 반드시 진귀하게 여겨 아끼고 애완할 것"이라고 비꼬았다. 그가 남긴 「소정방의 평백제탑을 읽고(讀蘇定方平百濟塔」라는 제목의 한시 또한 백미라고 일컬을 만하다.

벌레 먹은 잎처럼 흐릿한 글자획/새 쪼은 나무마냥 어지러운데/ 이따금 이어진 네댓 글자는/ 문장 조리 훌륭하구나/ 대장 도량 넓음을 거론하였고/ 빨리 이룬 무공을 과시하였네… 개선 노래가 강고을을 진동할 적에/ 만백성은 엎드려 있고/ 많은 돛배 바다로 돌아갈 적에/ 그들 사기 온 누리 충만 했으리/ 승리는 한때의 기쁨이며/ 패배 역시 한때의 치욕일 따름일 터/ 지금 탑은 들밭 가운데 놓여 / 나무꾼 소몰이꾼들 주위 맴도네

검소하지만 누추하지 않으며, 우아하지만 화려하지 않은 정림사터 5층 석탑의 또 다른 가치는 남겨진 역사에 대한 엄중함이다. 승리에 취해 남겨놓은 비문은 1400년이 지난 오늘까지 지워지지 않았기에 소정방의 무도함이 폭로되고 있는 것이다.

반면에 건설대통령이 천문학적인 공사비를 들여 추진한 4대강사업이 불과 5년 만에 해체 여론이 높은 것을 보면 유산으로서의 가치조차 없는 모양이다.

8세기의 일본은 한반도 침략을 대규모로 준비했다

8세기의 일본은 당의 율령체제를 모방해 국가체제를 정비했다. 천황중심의 일본식 중화사상에 입각한 대외이념을 표방했다. 신라를 자신들의 번국(藩國)으로 간주하는 야랑자대(夜郞自大)적인 태도를 표출하기도 했다. 일본 서기등이 편찬되면서 소위 진구 황후의 삼한 정벌설이 조작된 것도 이즈음이었다.

일본은 후쿠오카에 이토성을 쌓고, 미노와 무사시 지역에서 소년들을 선발해 신라어를 가르치고, 4개도 지역(호쿠리쿠도, 산인도, 산요우도, 난카이도)에서 3년 뒤인 762년까지 배 500척을 건조할 것을 명령한다.

이에 신라는 중앙군을 육기군으로 재편해 왕경 방어체제를 강화하고, 지방군대를 재정비해 유사시 대규모 군대를 동원할수 있도록 했다. 울산으로 가는 길목에 있는 모벌군성에 수천명의 노사(弩士)를 배치시키기도 했다. (당시 노는 최신 무기로서 중국에서 발명되었지만 신라의 기술이 접목된 최고의 무기였다.)

그러자 일본은 발해와의 협공계획을 세운다. 발해는 신라가 멸망시킨 고구려를 계승한 나라라는 판단에서였다. 하지만 발해는 신라도를 설치하여 교류를 증진 하던터라 일본의 협공요청을 거부한다. 이로써 일본의 신라 정복 계획은 무산된다.

일본은 제국주의 본색을 드러낸 메이지유신 이후에 정한론(征韓

왜구

論)을 주장한 것은 아니다. 고려시대 말에 있었던 500여회의 왜구 준동과 1592년 임진왜란에 이르기까지 한반도 침략은 멈추지 않았 다. 그 자신감과 자만심에서 청일전쟁, 러일전쟁 그리고 태평양전 쟁이 발발했다. 2차대전 침략의 전쟁을 패하고도 포장하여 교과서 에 기록한 일본의 역사가 언제 한반도를 향할지 예의 주시하자.

명활산성

드라마와 사실의 차이가 만들어 낸
최고의 스타는 비담이다

혁명과 쿠데타는 순간의 차이에서 승패가 갈린다. 비담의 난도 그러하다. 비담은 김유신이 경주를 비우고 선덕여왕은 병으로 인해 정사를 제대로 돌볼 수 없는 틈을 노렸다. 그런데도 상대등 비담은 이찬 알천이 지키는 왕궁을 점령하지 못했다. 백제·고구려와의 전쟁에서 승전의 경험이 무수했던 알천은 결코 쉬운 상대가 아니었다. 왕궁의 수비를 뚫지 못할 때부터 비담은 실패한 것이다.

비담은 경주 인근 명활산성을 점령한 후 월성에 군대를 배치한 김유신과 열흘간의 치열한 공방전을 펼쳤지만 승부를 결정짓지 못했다. 그러던 어느 날 밤하늘의 큰 유성이 월성 쪽을 향하여 떨어졌다. 비담은 여왕이 패할 징조라며 반란군을 독려했고, 옛 부터 유성이 떨어지는 것을 불길한 징조로 생각한 왕실의 군대는 크게 흔들렸다.

이에 김유신은 '길흉은 오직 사람이 부르는 것이며, 덕이 요사스러움을 이기는 것이 이치'라며 군대를 안심시켰다. 그런 후 허수아비에 불씨를 살리고 연에 달아 하늘에 띄워 보내고, 어젯밤에 떨어졌던 별이 하늘로 다시 올라갔다는 말을 비담군 진영에 퍼뜨렸다. 비록 믿기 힘든 말 이었지만, 열흘간의 싸움에서 지친 비담군의 사기를 떨어뜨리기엔 충분했다. 김유신은 별이 떨어진 땅에 백마를 잡아 제를 올렸다.

"임금은 높고 신하는 낮습니다. 지금 비담 등은 신하로서 임금을 도

모하니 이른바 난신적자요 천지에 용납되지 못하는 것입니다. …오직 하늘의 위엄으로써 백성의 염원에 따라 선을 이루게 해주십시오."

승자 김유신의 행적은 자세하게 서술하고 있지만, 패배자 비담은 아주 짧은 기록만을 전한다. 비담의 난이 기록된 『삼국사기』에는 선덕여왕 15년인 646년 11월, 신라는 당나라의 고구려 침공을 돕기 위해 3만의 군대를 지원한다. 김유신은 백제의 동진을 막기 위해 총력을 기울이고 있었다. 즉 신라 경주에는 궁궐 수비를 담당할 병력이 부족하였던 것이다. 비담은 상대등에 오른 지 두 달 만에 난을 일으켰고, 선덕여왕은 혼란의 와중에 사망한 것으로 기록되어 있다.

비담은 황룡사 9층 목탑 건립을 반대했을 것이다. 대야성이 함락된 상황에서도 정치적 책임을 지지 않으려는 김춘추는 수세였고 여동생까지 정략결혼을 시킨 김유신은 조급했을지 모른다. 상대등 비담은 왕위 계승 일 순위였고, 명분도 충분하다고 여겼을 것이다. 그런데도 국가의 위기를 자초한 정치적 책임은 여왕에게 있다고 한 비담의 주장이 역사에는 결국 반란군의 혹세무민이라 기록되고 말았다.

진덕여왕 원년 정월 17일, 비담은 결국 김유신 군에 의해 척살 당한다. 김유신 열전에는 '비담의 9족을 모두 멸했다'고 하니 처참한 살육이었다.

드라마에서 죽은 비담은 멋지고 폼 났다. 비담보다 더 멋진 배우 김남길 덕분이지만….

신라의 화랑들은 꽃미남 이었을까?

황산벌에서 계백의 5000결사대를 무너뜨린 관창은 드러난 공신이다. 열여섯 살의 어린 관창을 죽음으로 내몬 그의 아버지는 숨어 있는 공신이다.

"네가 나이는 어리지만 굳은 의지와 기개가 있다. 오늘이야 말로 공을 세워 부귀를 얻을 때이니 용기를 내지 않겠느냐."는 아버지의 권고를 듣고 단신으로 뛰어 들었다가 죽은 관창은 신라의 화랑이었다.

진흥왕은 '미소년을 뽑아 화랑으로 삼고, 그 아래 젊은이들을 모아 교육하고 산천을 유람하면서 몸과 마음을 단련'시켜 중요 전투 시에 요긴하게 쓸 수 있는 핵폭탄급 자원으로 만들었다. 화랑은 14~15살 된 진골 출신이 뽑혔으며, 그를 중심으로 수백여 명의 낭도가 형성 되었다.

귀족 출신의 소년이 많은 낭도를 조직적이고 집단적으로 훈련시킬 수는 없다. 정치·경제적인 능력이 있는 귀족들의 후원을 받은 전문적인 싸움꾼들이 교육을 시켰을 것이다. 한강 유역으로 진출한 신라가 원시적인 국가의 단계에서 중앙집권 국가로서의 변신을 꾀했다는 명백한 증거이기도 하다.

과거의 역사 교육에서 강조한 애국적인 민족역사관의 폐단은 집단의 역사성만을 돋보이게 했다는 것이다. 그로 인해 나이 어린 화랑들은 국가에 복종하는 모범적인 청소년이어야 했다. 귀족들의 사병 집단 또는 인재 양성 역할을 했던 화랑도는 신라가 통일 전쟁을 치룰 때 유용한 존재였다.

"어진 관리와 충신들이 여기서 나오고, 훌륭한 장수와 용감한 병사가 여기서 나왔다."고 적혀있으니 귀족들의 인재 등용 방법으로써 활용했을 것이다.

상무적인 정신이 필요했던 통일 전쟁 기에 중용됐던 화랑은 이후에는 국정 운영에 직접적인 영향을 주지 못했다. 최치원은 화랑도를 "나라에 깊고 그윽한 도(道)가 있어 풍류라 하니 실로 유불선을 포함 한다."라고 풍류도를 강조했다.

그럼에도 신라 멸망 시까지 화랑이 존재한 이유는 국가 차원의 관리 선발제도가 없었기 때문이다. 화랑도를 양성한 진골 귀족들은 정치력을 유지하기 위해 막대한 예산을 들여서라도 운영했을 것이다.

아직도 우리 사회는 화랑정신의 역사적 배경과는 사뭇 다른 호국정신 만을 강조한다. 열여섯 살에게 강요하는 애국이 아닌 리더가 솔선한다면 그 누군들 꽃미남이 아니겠는가.

온달은 영웅이 아니다,
이 땅을 지켜낸 진정한 바보였다

　평강왕의 어린 딸이 울기를 잘하니 왕이 놀리며 말했다. "네가 항상 울어서 내 귀를 시끄럽게 하니, 자라면 틀림없이 사대부의 아내가 못되고 바보 온달에게나 시집을 가야 되겠다." 온달은 왜, 바보라고 기록됐을까.

　온달은 왜, 바보라고 불리워진 것일까. 현대사의 전직 대통령에게도 바보란 표현이 쓰인 것을 보면 온달이 실제 바보는 아닐 것이다.

　온달이 바보인 이유에 대해『삼국사기』열전 제5권에 명확한 이유가 나온다. "온달은 고구려 평강왕 때 사람이다. 용모는 구부정하고 우스꽝스럽게 생겼지만 마음씨는 빛이 났다. 집안이 몹시 가난하여 항상 밥을 빌어 어머니를 봉양하였다. 떨어진 옷과 해진 신발을 걸치고 시정(市井) 사이를 왕래하니, 당시 사람들이 그를 '바보 온달'이라고 불렀다." 온달이 바보라고 불린 이유는 겉모습 때문이었다. 한없이 착했지만 웃음이 날 정도로 못생겼다. 남루한 옷차림으로 동냥을 해서 효도를 다하는 그를 국가는 외면할 수 없을 만큼 유명 인사였다. 온달을 찾아 온 공주가 황당한(?) 프러포즈를 하자 "이는 어린 여자가하기에 마땅한 행동이 아니니, 필시 너는 사람이 아니라 여우나 귀신일 것이다. 나에게 가까이 오지 말라!" 그러고는 뒤도 돌아보지 않고 돌아갔다. 온달이 지극히 정상적일 뿐만 아니라 이성적인 인물이었음을 볼 수 있는 내용이다.

고구려판 '슈퍼스타K'인 전국 사냥대회가 577년 평강왕 19년 4월 6일경에 열렸다. 전국구 바보로 유명했던 온달의 참가도 황당하지만 그가 1등을 차지한 사실은 더 충격적이다. 온달은 말을 잘 다뤘을 뿐만 아니라 사냥감도 가장 많이 잡아서 사람들을 놀라게 했다. 온달이 등장한 직후에 북주의 무제가 쳐들어왔다. 북주의 침공으로 위기를 느낀 왕은 직접 군대를 이끌고 전쟁에 참여한다. 온달은 선봉장의 직책을 맡아 전쟁에 참여했다. 북중국을 통일한 여세를 몰아 고구려를 침략한 북주는 온달이 이끄는 고구려군에게 허무하게 무너졌다. 공로를 논할 때 온달을 제일이라고 하지 않는 사람이 없었다. 왕이 그를 가상히 여기어 감탄하며 "이야말로 내 사위다."라 했으니 스스로의 노력으로 왕의 사위가 된 것이다.

　이후에도 온달은 최전선에서 고구려를 지켰다. "계립현과 죽령 서쪽의 땅을 우리에게 되돌리지 못한다면 돌아오지 않으리라!"며 싸우던 온달은 아단성(阿旦城) 밑에서 화살에 맞아 죽었다. 장사를 지내려 하는데 관이 움직이지 않았다. 공주가 와서 관을 어루만지면서 말했다. "죽고 사는 것이 이미 결정되었으니, 아아! 돌아가십시다." 드디어 관을 들어 묻을 수 있었다.

　신라와 싸우다 죽은 온달의 일대기를 김부식이 상세하게 남겨놓

은 이유는 분명해 보인다. 일신의 안위만을 궁리하는 문벌귀족들이 득실대던 고려 사회에서도 필요한 인물이었기 때문이다.

12세기의 고려에만 필요한게 아니라 21세기의 대한민국에도 여러 바보가 있다. 그 바보의 꿈과 그 꿈을 따르는 사람들이 바보라면 그 행렬에 기꺼이 참여하고 싶다.

초기 고구려의 왕위계승 진실은 무엇일까

고구려의 6대왕은 태조왕으로 불린다. 5대 모본왕은 사람됨이 사납고 어질지 못하여 국사를 돌보지 않아 백성들의 원망을 듣다가 시종에게 암살당한다. 주몽의 직계인 모본왕을 암살하고 왕위를 이은 태조왕에 대해 김부식은 국조왕(國祖王)이라고 별칭을 기입해 놓았다.

7세에 왕위를 이은 태조왕은 94년 동안 나라를 통치한 후 동생에게 왕위를 물려준다. 그러고도 19년을 더 살았다. 왕위를 계승한 동생 수성(차대왕)의 나이가 이미 76세의 노인이었는데 20년을 통치하다 살해당한다. 차대왕을 살해한 쿠데타 세력이 추대한 백고는 태조왕과 차대왕의 동생인 신대왕이다. 신대왕을 즉위시키고 한나라의 침략으로부터 고구려를 지킨 명림답부가 차대왕을 살해할 때 나이가 99세였고, 죽을 때 나이는 113세였다.

고대인들의 수명에 대한 조사가 이루어지지 않았기에 알 수 없지만 역대왕들의 수명은 기록으로 남아있으니 평균 수명을 확인할 수 있다. 고려와 조선시대 왕들의 평균 수명이 50세를 넘기지 못했는데 그보다 천년 이전의 고구려 초기 왕들이 100세를 살았다는 것을 이해하기 어렵다.

태조왕과 차대왕, 신대왕 형제의 왕위 재위 년도는 128년이다.

태조왕과 차대왕의 아버지
인 재사는 5대 모본왕을
시해한 세력이 왕으로 지
지했으나 나이가 많다는
이유로 사양하고 아들을
왕으로 내세웠다. 어린 태
조왕의 섭정조차 부인에게
맡길 정도로 쇠약했던 그가 20
년 터울이 나는 아들들을 낳을 수 있
을 수 있을까 하는 의문이다.

주몽의 후손이었던 해씨 가문들인 소노부 집단을 몰아낸 계루부
가 중앙집권을 강화하는 과정에서 권력쟁탈이 치열했을 것이다. 승
리한 계루부는 태조왕으로 묘호를 정하고 여러 명의 왕위 계승자
들이 나타났지만 누락되고 살아남은 왕들만 『삼국사기』에 남겨놓
았을 지도 모른다. 그 와중에 생존 기간은 늘어나고 재위년도는 비
정상적으로 변했을 것이다.

기록이 완벽하게 존재하는 21세기에도 "기억나지 않는다"는 사
람들의 이야기들이 언론에 남는 것처럼…

가난 때문에 몸을 팔아야 했던 지은을
효녀로 만들어 준 신라는 왜, 망했을까?

"금성의 분황사 동쪽 동네에 지은이라는 처녀가 있었다. 어려서 아버지를 여의고, 눈먼 어머니를 모시고 살았다. 지은은 서른 두 살이 되도록 시집을 못가고…… 집이 가난하여 품팔이도 하고, 구걸도 하며 밥을 얻어다 어머니를 모셨다. 어느 해 흉년이 들자 동네에

서 밥을 얻기도 어려워졌다. 생각다 못한 지은은 스스로 부잣집에 몸을 팔아 종이 되기로 하고, 쌀 10여석을 받았다."『삼국사기』와 『삼국유사』에 전하는 신라 말 정강왕(886년)때의 기록이다. 수도 금성에 살던 지은의 삶이 이토록 힘들었다면 지방민들의 생활은 더 비참했을 것이다.

　"지은 모녀를 측은하게 여긴 화랑 효종은 부모에게 청하여 곡식 100석과 옷가지를 가져다주었다. 또 부잣집에 지은의 몸값을 갚아 주고 도로 양민이 되게 하였다. 이 일이 왕에게 알려지자 정강왕은 곡식 500석과 집 한 채를 내리고 부역을 면제해 주었다. 또 곡식이 많아서 도둑에게 빼앗길까 염려하여 군사를 보내 지키게 하였다."

효종은 진골 출신으로 아버지는 각간의 지위에 있었던 신라 최고의 집안이었다. 정강왕은 백성들에게 효를 장려하기 위한 홍보 수단으로서 지은의 효도를 활용했다. 지은처럼 로또를 받은 행운은 지극히 특별한 경우에 불과하다.

헌강왕 6년(880)에 보면 이런 기록이 나온다. 9월 9일에 왕이 좌우의 신하들과 함께 월상루(月上樓)에 올라가 사방을 둘러보았는데, 서울(경주) 백성의 집들이 서로 이어져 있고 노래와 음악소리가 끊이지 않았다. 왕이 시중 민공(敏恭)을 돌아보고 말하였다.

"내가 듣건대 지금 민간에서는 기와로 지붕을 덮고 짚으로 잇지 않으며, 숯으로 밥을 짓고 나무를 쓰지 않는다고 하니 사실인가?" 민공이 "신(臣)도 역시 일찍이 그와 같이 들었습니다. 대왕께서 즉위하신 이래 음양이 조화롭고 비와 바람이 순조로워 해마다 풍년이 들어, 백성들은 먹을 것이 넉넉하고 변경은 평온하여 민간에서 즐거워하고 있습니다. 이것은 거룩하신 덕의 소치입니다." 왕이 기뻐하며 말하였다. "이는 경들이 도와준 결과이지 짐이 무슨 덕이 있겠는가?"

헌강왕이 본 것은 지금으로 치면 서울 강남의 풍경이었다. 신라 사람들 대다수가 헌강왕이 본 것처럼 기와집에서 살고 숯으로 불을 땠을 리도 없다. 그런데도 헌강왕은 신라 전체가 그럴 것이라 생각했다. 눈에 보이는 것만을 사실이라 믿고 싶었을지 모른다.

가난 때문에 노비로 전락할 지은에게 곡식을 내려 준 정강왕은 헌강왕의 동생이다. 정강왕은 1년 만에 또 다른 동생인 진덕여왕에게 왕위를 물려준다. 가난은 임금도 구제해 주지 못하는 것이 아니다. 즉 백성의 게으름이 가난의 원인이 아니라 정치를 제대로 하지 못하는 나라 때문에 백성이 가난해진 것이다.

지은이 하사받은 곡식을 빼앗아 갈 도둑들은 종으로 팔려갈 사람들이었고, 그들은 원래 도둑이 아니라 평범한 백성들이었다. 진성여왕 시기에 조세와 부역을 견디지 못하고 초적이 되어 난을 일으킨 원종과 애노, 붉은 바지 도적은 반역을 위함이 아닌 먹고 살기 위한 생계형 반란이었다.

백성의 살림살이를 챙겨주지 못한 신라는 그들이 하찮게 여기던 지방 호족들에 의해 무너졌다.

최치원

반성 없는 역사에 미래는 없다,
특권을 지키려다 나라가 망했다

능력 있는 인재들이 신라를 떠났다. 골품제도는 진골이 아닌 신라의 젊은이들을 좌절시켰다. "우리 신라는 사람을 쓰는데 먼저 골품을 따지므로 정말 그 족속이 아니면 비록 큰 재주와 뛰어난 공이 있어도 그 한도를 넘지 못한다."며 설계두가 당으로 떠난 7세기의 신라는 진골의 나라였다.

9세기 헌강왕 시기 귀족들은 '봄에는 동야택(東野宅), 여름에는 곡량택(谷良宅), 가을에는 구지택(仇知宅), 겨울에는 가이택(加伊宅)에서 놀았다.'고 할 만큼 풍요로웠다. 왕이 신하들과 함께 월상루에 올라 사방을 바라보니 서울의 민가가 줄지어 늘어섰고, 가악(歌樂)소리가 끊임없이 일어났다. 왕이 시중에게 "지금 민간에서는 집을 기와로 덮고, 밥을 숯으로 짓는다는 말이 사실인가" 물으니 시중 민공이 "역시 일찍이 그렇게 들었습니다."라고 답했다.

「토황소격문」으로 당나라에서 문장력을 인정받은 최치원이 귀국한 시기가 헌강왕 때였다. 선진적인 정치철학을 신라의 개혁을 위해 활용하려던 6두품 출신 최치원은 열정적으로 일했다. 진성여왕에게 시무책을 올린 최치원은 신분보다는 능력에 따른 인재등용을 요구했을 것이다. 이는 기존 진골귀족들의 특권을 축소하는 대대적인 개혁안의 첫출발이었다. 진골들은 시무책을 거부했고, 최치원은 정계를 떠났다.

신라의 마지막 탈출구는 지배층의 자기반성과 철저한 개혁실천이 필요했다. 수백 년 골품제의 특권에 젖어있던 진골들은 강력히 저항했고, 사회의 모순은 결국 폭발했다. 분노한 백성들은 사방에서 봉기했다.

삼국 중에서 가장 열악했던 신라가 삼국을 통일할 수 있었던 이유는 비주류의 김춘추와 가야계였던 김유신이 신분보다는 능력을 우선하는 사회를 만들었기 때문이다. 통일 후에 폐지했어야 했던 골품제는 진골의 특권을 강화하는 폐쇄적인 방향으로 나아갔다. 잠복해있던 불만이 한꺼번에 터지기 시작했다.

9세기 후반의 신라처럼 현재의 대한민국은 위기 상황에 처해있다. '나는 잘못한 것이 없다.'는 청맹과니만이 이러한 상황을 몰랐을 뿐이다. 다만, 아직은 대한민국을 떠나지 않은 지혜로운 이들이 있기에 벚꽃대선을 치뤘으니 불행 중 다행이다.

삼국시대가 우리에게 말한다

역사를 공부하겠다던 대학 신입생은 전공책 보다 성경을 더 자주 읽었다.
즈음에 읽은 E. H. 카의 『역사란 무엇인가』는 순진했던 역사학도의 인식을 뒤집어 놓았다.
역사는 원래 있었던 그대로를 보여주는 것이라고 생각했던,
레오폴트 폰 랑케만이 최고의 역사가여만 하는 이유가 깨져 나갔다.

실증주의 역사관을 최고라고 생각한 나의 무지함을 들키지 않으려고 역사를 사랑했다.
랑케는 역사의 발전을 인정하지 않았다. 발전이 아닌 변화의 논리로 역사를 설명했다.
그러니 사상의 진보는 있을 수 없는 것이다.
스무 살 시절에 사랑하기 시작한 역사를 여전히 사랑한다.

2

고려의
역사타파

궁예를 위한 변명,
그는 왜 폭군이 되었나

'고구려의 옛 도읍은 황폐해진지 비록 오래 되었으나 고적은 아직 남아 있다… 마땅히 백성들을 옮겨 그곳에서 살게 함으로써 국가의 변방을 공고히 하여 백세의 이익이 되도록 하여야 할 것이다.' 조선 문종 때 김종서가 책임편수관으로 기록한 고려사에 나오는 태조 왕건의 고구려 계승관련 발언이다.

그렇다면 실제로도 고려는 고구려의 정통성을 이어받은 나라였을까. 결론부터 말하자면 고구려 계승보다 신라로부터 선양(禪讓)을 받아 삼한일통의 정통성을 인정받았다. 왕건은 신라 경순왕의 항복을 받기 전에 이미 무력으로 정변을 일으켜 태봉의 궁예로부터 권력을 빼앗아 왕이 되었다. 고려 건국 세력들은 궁예의 모든 것을 부정적으로 기록했다. 물론 궁예가 도덕적이고 자비로운 왕은 아니었을 것이다. 하지만 궁예에 관한 이야기는 고려전기의 『삼국사기』와 후기의 『제왕운기』는 물론 조선의 『고려사』 서술에서도 포악무도의 끝판왕이다.

　궁예는 출생부터 불운했다. 『삼국사기』 궁예전에 헌안왕 혹은 경문왕의 아들이라고 되어있지만, 그의 어린 시절은 삶과 죽음의 문턱을 수시로 넘나들었다. 이 과정에서 한쪽 눈을 잃고 세달사에 의탁하여 선종이라는 법명을 얻고 승려로 지낸다. 이후에는 양길의 수하로 들어가 능력을 발휘하여 한반도 중부지역을 장악하고 송악의 호족인 왕건 부자의 지원을 받아 901년에 후고구려를 세웠다.

　고구려의 옛 땅이었던 지역민심을 이용하기 위해 결합한 호족세력이 송악의 왕건이다. 왕권이 안정된 궁예는 철원을 근거지로 삼아 독자적인 국가 운영을 도모한다. 전쟁에 지친 백성의 마음을 잡기위해 불교 색채가 강한 마진과 태봉을 국호로 사용하고 스스로 미륵을 자처한다.

하지만 궁예의 정치 실험은 호족과의 역학관계를 무시한 독단적인 결정이었다. 궁예의 측근들은 미천한 신분들이 많았다. 그들의 정치적 조급성은 폐쇄적인 운영으로 치우쳤고 기득권을 내놓기 싫은 호족들은 집단적으로 저항했던 것이다.

성리학이 절대화 된 조선 후기인 17세기에 진행된 붕당의 환국기에도 상대당을 공격하기 위한 심문 과정에서 고문은 다반사로 발생했다. 특히 신라 말의 극심한 혼란기에 권력을 잡기 위한 호족들의 난립 속에서 궁예만을 폭군이라고 단정할 수는 없다. 이러한 잔혹성은 역사 속에 등장하는 어느 왕에게나 공통적인 문제다.

천년동안 지속된 신라와의 단절. 신분보다 능력을 우선하며 지역주의를 극복하고자 했던 궁예. 그의 꿈은 분단의 현장인 비무장지대인 철원 땅에 잠들어 있다. 고구려를 계승한 궁예가 스러진 이후에 다시는 미천한 자들이 세운 나라는 우리 역사에 등장하지 않았다.

스러져간 궁예의 꿈은 분단된 DMZ 철원 땅에 묻혀서 제대로 된 평가를 받을 날을 기다리고 있다. 그날 궁예에게 덮어 쓰인 폭군의 멍에가 벗겨질 수 있을까.

4명의 왕, 여덟 번을 즉위한 원 간섭기의 고려

칭기즈칸

우리 교과서에 식민지배의 역사는 단 한차례만 나온다. 1910년부터 1945년 일제 강점기 뿐이다. 하지만, 냉정하게 보자면 1945년부터 1948년까지 미군정의 지배를 받은 것과 고려의 원 간섭기도 식민지와 유사하다.

중국 왕조에 대해 사대는 했어도 정치구조의 완전한 형태로서의 지배는 한족이 아닌 몽골족이 세운 원나라 시기가 최초였다. 역사교과서에는 '몽골과 강화를 맺었다'와 '자주성에 많은 손상을 입었다'고 되어 있지만 이건 식민 지배를 받았다는 뜻의 온건한 표현이다. 1231년부터 시작된 몽골의 침입은 28년간 7번 동안이나 계속됐다. 강화도에 갇혀 있던 고려의 고종이 1259년 태자를 인질로 보내고서야 전쟁은 끝났다. 태자가 귀국하여 원종으로 즉위한 시기에는 항복은 했지만 원의 직접 지배를 받지는 않았다. 이후 벌어진 개경환도와 삼별초의 항쟁을 진압과정에서 원나라는 정동행성과 다루가치를 통해 고려를 지배한다. 다루가치란 진압하는 자라는 의미로 몽골의 관직이다. 총독부와 비슷한 의미로 1278년 충렬왕 시기까지 존재한다. 충렬왕은 쿠빌라이 칸(원 세조)의 부마가 되므로 다루가치의 폐지는 사위를 대리왕으로 임명하여 고려를 대리통치하는 의미를 지닌다고 볼 수 있다.

왕의 묘호에 조(祖)와 종(宗)을 사용하지 못한 충렬왕부터 공양왕까지는 독립된 국가 형태로서의 의미가 아니었다는 것의 반증이다. 공민왕 때에 원은 망했지만 친원 세력은 고려 말까지 세력을 잡고 있었다. 더구나 충렬왕부터 공민왕까지 일곱 명은 원 황족의 사위로서의 자격을 가지고서야 왕에 임명되었다. 그 가운데 충렬왕, 충선왕,

충숙왕, 충혜왕은 재위 기간중 두 번씩 즉위한 이력을 지녔다.

1297년 충렬왕의 아들 장(충선왕)은 어머니가 죽자 원에서 돌아와 아버지의 신하들을 죽이고 행패를 부린다. 보다 못한 아버지는 아들에게 왕위를 넘겨준다. 원나라의 힘으로 아버지를 몰아낸 충선왕의 의욕은 7개월 만에 아버지에게 왕위를 넘기고 원나라로 돌아가 버린다. 1308년 충렬왕이 죽고 충선왕이 즉위하지만 그는 두달 만에 원으로 돌아가 귀국하지 않고 살다가 죽었다. 충숙왕 역시도 왕위에 뜻이 없던 차에 심양왕 왕고의 왕위 찬탈사건이 일어나자 충혜왕에게 양위한다. 충혜왕이 나이가 어려 문제가 생기자 2년 만에 다시 복위하고, 충숙왕 사후에 충혜왕이 다시 즉위하는데 그는 고려왕 최대의 패륜왕으로 원에 의해 귀양도중에 독살된 것으로 보인다. 일국의 왕위를 장난처럼 주고받은 고려의 왕들은 정사를 돌보기 위한 왕이 아닌 누가 더 원나라에게 필요하느냐에 따라 왕이 된 것이다.

원의 순종이 충목왕에게 물었다. "너는 아버지를 배우겠느냐, 어머니를 배우겠느냐"고 묻자 선뜻 "어머니를 배우겠습니다"하고 대답하여 여덟 살의 어린아이에게 고려 왕위를 맡겼다. 때문에 반원자주 정책을 강행했던 고려의 공민왕이 살해된 것은 멸망한 원나라가 아닌 신생국가 명나라에게 기회를 준 것이다. 고려가 위화도 회군의 내부분열로 멸망한 것은 제 힘으로 외세의 간섭을 몰아내지 못한 후유증이다.

우왕은 정녕 신돈의 아들인가, 그렇다면 생모는?

   고려의 우왕은 신우이다. 조선의 건국세력들이 기록한 고려사 열전은 우왕의 아비는 신돈이라 칭했다. 열전에는 우왕이 1365년에 태어난 것으로 되어있다. 1365년 2월에는 노국공주가 노산(老産)으로 사망했다. 이 기록이 사실이려면 우왕은 공주의 사망 전후 잉태한 것이다.

   사극에서는 노국공주가 죽고 방황하던 공민왕이 신돈의 집에서 공주와 닮은 반야와 동침하고 태어난 것으로 묘사된다. 공주는 똑똑하고 자기주장이 강하며 공민왕 즉위와 반원자주 정책의 중심적인 인물이었다. 그런 그가 노산으로 죽었다는 것은 그 전에 아이가 없었다는 것이다. 공주가 죽은 후 정계에 혜성처럼 등장한 인물이 신돈이다. 공민왕이 우왕의 생모인 반야를 신돈의 집에 위탁시켰을 가능성을 염두에 둔다면, 신돈은 정계 진출과 왕의 신뢰를 얻는 데 도움이 되었을 것이다.

   문제는 신돈의 등장이다. 이후 행적을 보면 공민왕은 철저히 반야를 잊은 듯하다. 공주가 죽은 후 공황 상태에 있었다고 해도 원자 탄생은 중요한 사건인데도 8년이 지나서야 모니노(우왕의 어린 시절 이름)를 궁으로 데려온다. 반야는 철저하게 잊혀 진다. 내명부 직첩을 내리고 후궁 정도로 예우할 수 있음에도 그녀의 존재감은 없다. 공민왕은 물론이거니와 태후를 비롯한 궁궐내부에서도 반야

는 철저히 무시됐다. 반야는 양육자였지 생모가 아니었다는 것인가. 반야가 모니노를 기르면서 자신의 아이라는 착각에 빠졌을 수 있고, 왕의 아들을 키우다 보니 욕심이 생겼을 수 있다.

그럼 우왕의 생모는, 공민왕이 말한 대로 궁인 한씨 소생일 수 있다. 한씨가 아이를 가졌고 신돈의 집으로 가서 아이를 낳다가 죽었을 수 있다. 아니면 노국공주의 아들일 수 있다. 공주가 난산 끝에 죽었지만 아이의 생존여부에 대해 고려사는 침묵한다. 몽골 공주의 아들이 고려의 왕이 되는 것은 신생국가 명과의 관계를 위해서는 지워야 할 사실이었을 지도 모른다.

신돈을 싫어한 최영 장군의 딸은 우왕의 후궁이었다. 신진사대부의 스승이었던 이색은 위화도 회군 후에 창왕을 세우는데 적극 지지했다. 고려사 공민왕 세가에는 모니노(우왕)를 자신의 아들로 인정한다고 적혀있다. 우왕의 외모가 공민왕을 닮지 않았다는 이유로 신돈의 아들이라는 고려사에도 신우가 신돈을 닮았다는 기록은 없다.

목화씨의 전래와 농민들의 무명옷 이야기

1363년 공민왕 13년, 문익점은 원나라에 사신으로 파견된다. 그후 일 년 만에 돌아 온 그에 의해 이 땅은 무명옷의 시대가 열렸다. 더 극적인 것은 삼엄한 국경 검문소를 통과하기 위해 붓두껍에 목화씨를 숨겨서 들여왔다는 것이다.

하지만 고려 말과 조선 초의 기록에는 '목화씨를 넣어가지고 왔다'거나 '그냥 가져왔다'라고 기록되어 있다. 고려사 열전을 보면 '문익점은 진주 강성현 사람인데 고려의 사명을 받들어 원나라에 갔다가 덕흥군에 부(附)하였다가 덕흥군이 패하므로 돌아왔는데, 목면의 종자를 얻어 와서 그 장인 정천익에게 부탁하여 심게 하였다. 거의 다 말라죽고 한 포기만 살아 3년 만에 크게 번식되었다. 씨 뽑는 기구와 실 빼는 기구도 모두 천익이 창제하였다'고 기록한 것을 보면 목숨을 걸고 들여온 이야기는 없다.

한반도의 면직물 관련 내용은 당나라 역사서 한원(翰苑)에 '고구려가 백첩포(白疊布)라는 면직물을 생산했다.'는 것이 가장 오래된 기록이다. 삼국사기에도 '신라 경문왕 때인 869년에 당에 보낸 선물 중에 백첩포 40필이 있었다.'고 쓰여있다. 1999년 부여 능산리 절터에서 나온 백제 직물이 우리 땅에서 발견된 가장 오래된 면직물이라고 발표됐다.

문익점의 목화씨 이전에도 한반도 곳곳에서 면직물의 생산이 있었던 것으로 추정되는 대목이다. 문제는 대량재배가 불가능한, 또는 재배할 필요성이 없는 품종이었을 가능성이 크다는 것이다. 목화씨 전래가 붓두껍에 숨겨 들여 온 목숨을 건 씨앗으로 바뀐 이유는 무엇 때문일까. 이는 조선 중기이후 세금 제도의 변화와 밀접한 관련이 있다. 조선 초기만 해도 목화씨는 농민들에게 매력 없는 작물이었다.

조세를 납부하고 먹고 살기 위해서는 벼, 보리의 재배가 중요했다. 이러한 농민들에게 15세기 이후 군역을 회피하기 위한 방법으로 등장한 군적수포는 목화재배의 중요성을 깨우쳐 주었다. 목화재배를 국가에서 규제해야 한다는 상소문이 올라온 것을 보면, 양반지주들의 위기의식이 표현된 것이다.

군대를 가지 않고도 먹고 살 방법이 목화 재배에 있다는 것을 안 농민들이 토지대장에 등록되지 않은 땅들을 개간하기 시작했다. 당연히 소작농사에 소홀해졌을 것이다.

사극에 등장하는 조선전기의 농민들이 무명옷을 입은 것은 사실이 아니다. 16세 이상의 농민 남자들이 매년마다 군포 2필을 납부하는 상황에서 무명옷은 그들이 입을 옷이 아닌 세금마련을 위한 옷이었다.

경국대전에 '길이 16미터, 폭 33센티미터를 무명 1필로 정한다'고 기록되어 있는 것으로 볼 때, 조선후기 영조에 의해 실시된 균역법

의 시행전까지 일반적인 농민들이 무명옷을 편하게 입을 수 없었을 것이다. 국가에 납부해야 할 세금을 마련하기 위해 목화를 재배한 조선 농민들이 겪는 고통이 미안해서였을까. 목화씨를 가져 온 문익점의 목숨 건 이야기는 조선중기 이후 나타난 세금 수취와 관련된 조선 정부의 대국민 홍보용으로 적극 활용된 셈이다.

　붓두껍이 아니고 자루에 들고 왔다고 문익점의 노력과 재배를 위한 집념이 폄하되는 것은 아니다.

죽음을 택한 마지막 승부수,
영원한 충신의 자격(?)을 얻은 정몽주

이 몸이 죽고 죽어 일백 번 고쳐 죽어

백골이 진토되어 넋이라도 있고 없고

임 향한 일편단심이야 가실 줄이 있으랴

정몽주

"이 몸이 죽고 죽어 일백 번 고쳐 죽어 백골이 진토되어 넋이라도 있고 없고 임 향한 일편단심이야 가실 줄이 있으랴." 웬만한 대한민국 국민이라면 외우는 시조다. 「단심가」는 정몽주를 압축해 놓은 신념의 결정체다. 그의 죽음 앞에 충절의 상징성을 부여한다. 거기에 극적인 장치들이 더해진다.

훗날의 태종 이방원이 포은의 마음을 엿보고자 "이런들 어떠하리 저런들 어떠하리 만수산 드렁칡이 얽어진들 어떠하리 우리도 이같이 얽혀서 백년까지 누리리라"의 「하여가」와 대비되는 타이밍의 절묘성이다. 자객 조영규의 쇠몽둥이로 선죽교에서 절명하는 장면은 비장미의 절정이다.

개성에서 죽은 정몽주는 1406년 태종6년에 고향인 경북 영천으로 이장을 허락 받았다. 용인 수지 풍덕천 근처에 이른 행렬의 명정(銘旌)이 날아가 떨어진 자리에 묘지를 삼았으니 현재의 모현면 능원리다.

1360년(공민왕 9년) 과거에 장원으로 합격하여 본격적인 관리의 길을 걸었다. 대학자 이색의 문하에서 함께 공부한 정도전과는 뜻을 함께하며 권문세족과 대립되는 개혁적인 정책들을 펼쳤다. 이성계의 여진족 토벌 당시엔 종사관으로 종군하며 우의를 나누기도 했다.

명나라의 철령위 요구에 전쟁을 주장하는 최영파와 외교적 방법으로 해결하자는 이성계파가 나뉘었을 때 정몽주는 이성계파를 지지했다. 위화도 회군으로 권력을 장악한 이성계가 우왕을 폐할 때도, 최영을 처형할 때도 뜻을 같이했다. 공양왕을 옹립한 공으로 공신에 오르기도 했다.

하지만 이성계를 왕으로 세우려는 의도에는 정면으로 대항했다. 고려를 개혁해야 한다는 생각으로 왕을 폐하기는 했지만 왕조는 지켜야 한다는 게 정몽주의 신념이었다. 역성혁명을 꿈꾸는 이성계와 정도전은 이제 그의 정적이 되었다.

그가 반 이성계를 분명히 한 시기는 1391년 과전법의 시행 이후이다. 조준의 과전법 발표 후 이성계 세력을 제거하고자 모든 정치력을 기울였지만 실패했다. 1392년 4월 4일 정몽주는 이방원에 의해 죽음을 맞는다. 과전법을 기초한 것은 조준이지만 설계자는 정도전이다. 일반 농민들에게 기본적인 토지를 지급해야 한다는 논리는 나라를 세우는 것 보다 더 혁명적인 생각이었다. 배우지 못한 농민들이 일하기 싫어 유랑하다는 생각을 가진 다수의 집권층들에게 농민 안정을 위한 과전법은 또 다른 가치였을 것이다.

정몽주는 고려의 마지막 충신을 자청했다. 포은(圃隱)이란 호에 몸을 피할망정 뜻은 굽히지 않는 은둔사상과 은사(隱士)들의 신념이 내포된 것이다. 정몽주가 죽은 뒤 13년이 지난 1405년, 태종 이방원에 의해 영의정과 익양부원군으로 추봉했으며, 문충(文忠)이라는 시호를 내렸다.

정몽주의 충절은 신앙으로 남았고, 정도전의 사상은 조선왕조 500년 동안 불온사상으로 남았으니 결국은 비긴 셈인가.

몽골과 맞장 뜬 처인부곡엔 김윤후가 있었다

원사(元史) "태종 4년 8월, 다시 살리타이를 파견하여 군사를 거느리고 고려를 정벌케 했는데, 왕경 남쪽에 이르러 처인성을 공격하던 중 유시(流矢)에 맞아 죽었다." 1232년, 질풍처럼 내달리던 몽골군 사령관 살리타이가 죽었다. 30여년 간 대 몽골전쟁 최대의 승전은 고려의 정규군이 아닌 이름 없는 부곡민과 승려 김윤후가 만들었다.

몽골군의 제 2차 침략이 벌어질 당시, 대칸 오고타이는 금나라 정복에 마지막 박차를 가하고 있었다. 살리타이는 고려의 북방이나 그곳에서 멀지 않은 요동 지역에 주둔하고 있다가 출병했을 것이다. 그가 금나라 정복에 참전하고 있었다면 지리적인 위치상 고려에 대한 원정을 다시 개시하기는 어려웠기 때문이다.

2차 침략은 고려의 주요 거점에 대한 공격이 목표였다. 대구까지 내려온 몽골군은 팔공산 부인사에 소장된 대장경판을 불태웠다. 소실된 대장경판은 현종 때 요나라 침략군과 싸우면서 조판한 것이었다. 대구까지 내려간 몽골군은 본대가 아니라 선발대였다. 그들은 살리타이가 처인성 전투에서 전사하자 더 이상 내려가지 못하고 철수했다는 사실에서 알 수 있다.

몽골군은 내려오면서 이미 천도하여 텅 빈 개경을 거쳤고 이때, 살리타이는 배를 만들어 직접 강화도를 칠 계획도 세웠다. 이것은

경기 용인에 있는 처인성의 머슴

변여라는 사람을 사로잡아 심문하면서 강화도로 가는 수로와 뱃길을 물었다는 기록에서 확인된다. 그런데 어찌된 일인지 살리타이는 이를 포기했다. 이후에도 몽골군은 강화도를 직접 공격하지 않았다.

강화도는 너무나 가까워 수전을 치를 것도 없는 섬이고 한강을 건널 수 있는 능력이라면 얼마든지 도달할 수 있는 곳인데도 말이다. (실제로 나중에 병자호란이 터졌을 때 청나라 군대는 너무나 쉽게 바다를 건너 강화도를 점령했다. 몽골이 유목 민족이라서 해전에 약하다고 하나 일본원정을 두 차례나 보내고 자바, 지금의 인도네시아까지 2만의 군대를 보냈다) 몽골군은 왜 강화도를 직접 정복하지 않았던 것일까. 개경에서 계속 남진하여 한양산성(서울)을 함락시킨 후, 광주산성 함락에 실패한 살리타이는 경상도 방면으로 진격하기 위해 남진하다 처인성에서 저항을 받는다.

처인 부곡은 당시 수주(수원)의 속현이었다. 몽골군이 쳐들어오자 처인 부곡민들은 모두 처인성으로 피난 와 있었다. 이곳에서 몽골군과 공방전이 벌어지던 중, 살리타이가 화살에 맞아 죽는 사건이 발생한다. 이때가 1232년 12월 16일이었다. 고려사에는 화살로 살리타이를 맞춘 것으로 전한다.

고려사 열전을 보면 김윤후는 고종 때 사람이다. 일찍이 승려가 되어 백현원(白峴院)에서 살았는데, 몽골군이 쳐들어오자 처인성으로 피난 갔다가 살리타이가 와서 성을 공격하자 김윤후가 그를 활로 쏘아 죽였다. 왕이 그 공을 가상히 여겨 상장군으로 임명하였으나 김윤후는 "전투할 때 나는 활이나 화살을 가지고 있지 않았는데 어찌 함부로 무거운 상을 받겠는가?"하고 사양했다.

김윤후는 상장군을 거부했지만 처인부곡은 처인현으로 승격됐다.

용산 국립중앙박물관으로 옮겨지기 전의 경천사터 10층 석탑

고단했던 시대의 상징물인 경천사터 10층 석탑의 수난

1995년, 요란했던 역사 바로 세우기의 일환으로 일제의 조선 식민 지배의 상징인 총독부 건물(당시 중앙박물관)은 해체됐다. 중앙박물관은 그로부터 10년이 지난 후에 현재의 용산 중앙 박물관으로 이전했다. 박물관은 설계 시 부터 논란이 발생했다. 원래 설계지침은 박물관 중앙의 메인로비 한가운데 경천사지 10층 석탑을 전시하도록 했다. 역사 바로 세우기 진행 이유가 식민 청산이었는데, 원 간섭기의 상징인 경천사터 10층 석탑을 중앙에 세운다는 것은 문제가 있다는 이유였다. 결국 탑은 중앙로비에서 동관으로 옮겨졌다.

수려한 조형미와 이국적 풍모를 지니고 있는 탑의 원래 위치는 경기도 개풍군 광덕면 중련리(개풍군 광수리, 현재 개성시 부소산기슭)의 경천사였다. 석탑의 기구한 운명은 조선의 쇠퇴와 더불어 시작되었다. 1907년 조선을 방문한 일본의 궁내성 대신 다나카 미츠야키가 탑을 탐내었다. 1909년 조선에 대사로 온 다나카는 "고종이 경천사탑을 자기에게 하사하였다."는 터무니없는 거짓말로 사람을 속인 후 도쿄에 있는 자기 집으로 불법 반출해갔다.

이후 미국인 헐버트 등의 노력과 국내외 여론의 악화로 1918년에 반환하지만, 탑은 원래 위치로 돌아가지 못하고 40년 동안 해체된 상태로 경복궁 근정전 회랑에 방치되었다. 1960년에 이르러 경복궁에 복원되었으나 산성비와 풍화작용에 의한 보존상의 어려움으로 인해 1995년 해체되었다가 현재의 용산 국립중앙박물관으로 이전한 것이다.

경천사터 10층 석탑의 조성을 주도한 이는 강융과 고룡봉이다. 미천한 출신인 강융은 몽골에 부역하여 출세가도를 달렸고 자신의 딸을 원의 승상인 탈탈에게 첩으로 주어 부원군의 직위까지 올랐다. 고룡봉은 원제국 황실의 내시가 되어 고려를 괴롭혔던 인물이다.

이 시기의 고려는 몽골말과 글이 지배층의 상용어가 됐고 변발과 호복이 유행했다. 건축계 역시 새로운 변화를 겪었다. 원의 건축 유형들이 유입되어 다포형식의 건축물이 생겨났다.

몽골식으로 바꾸려고 안달난 자들과 아부하여 권세를 누리려는 이들에 의해 만들어진 탑에는 '원나라의 황제와 고려왕실의 수복(壽福)을 기원하며 천기가 순조롭고 국태민안하며 불법이 더욱 빛나고 법륜이 항상 움직여 수복을 얻고 다 같이 불도를 이루기를 기원한다.'고 적었다. 이때가 충목왕 4년(1348년)이었다.

역사를 바로 세우기 위해 과거의 흔적을 지우는 것만이 능사는 아니다. 와신상담(臥薪嘗膽)의 현장학습이 필요하다면 조선총독부 건물도 필요하고 경천사터 10층 석탑도 의미있는 유산이다.

백성 버리고 도망친 무신 정권의 최고 권력자 최우, 그는 강화도에서 행복했을까?

1231년 몽골의 기병이 북계를 휩쓸었다. 안정기를 누리던 고려의 무신 정권은 맞서 싸우기보다 피난을 선택했다. 집권자 최우에게 강화도 피난을 권한 사람은 풍덕군(지금의 개풍군)의 승천부 부사 윤린이었다. 윤린의 말을 들은 최우는 반대파들을 제거하고, 고종에게 강화로의 천도를 강요한다.

1232년 7월 6일, 강화도 피난길을 『고려사』는 이렇게 기록했다. "드디어 천도하니 때마침 장맛비가 열흘이나 계속돼 정강이까지 진흙에 빠졌다. 사람과 말이 엎어지고 넘어졌다. 벼슬아치와 양가(良家)의 부녀들도 신발을 벗고 갈 지경이었다. 환과고독(鰥寡孤獨)은 갈 바를 잃고 통곡하는 자가 이루 헤아릴 수 없었다."

피난의 아비규환을 뚫고 강화로 온 사람들은 그나마 목숨을 부지할 수 있었다. 방치된 본토의 백성들은 30여 년간 몽골의 말발굽 아래 목숨을 잃거나 포로로 끌려갔다. 살아남은 자들은 강화로 도망간 왕과 무신들을 위해 세금을 바쳤다. 몽골은 수시로 쳐들어 왔으니 삶과 죽음을 가늠할 수 없었다. 강화의 원주민들은 어떠했을까? 피난 온 개경 사람들은 다수가 권력자이거나 관련된 자들이었으리라.

최우 정권이 만들었던 삼별초가 야별초에서 출발했음은 무엇 때

문이랴. 살던 곳을 빼앗긴, 각종 부역에 끌려 다녔을 원주민들에게 39년간의 강도(江島)는 재앙으로 기억될 것이다. 산을 깎아 궁궐을 짓고 몽골군을 막기 위해 성을 쌓아야 했지만 더 힘든 노동은 바다를 메우는 간척 사업이었다. 『택리지』를 쓴 이중환은 살기 좋은 곳을 택할 시에 풍수학적인 지리와 생리 조건을 봐야 한다고 말했다. "재물이란 하늘에서 내리거나 땅에서 솟아나는 것이 아니므로 기름진 땅이 첫째이고, 배와 수레를 이용하여 물자를 교류시킬 수 있는 곳이 다음이다." 현재의 강화도는 우리나라에서 네 번째로 큰 섬이다. 가구당 경작 토지도 넓다.

예성강과 임진강, 한강이 한데 모여 바다로 흐르는 곳이므로 어족도 풍부하다. 이중환이 살았던 18세기의 강화도는 14세기의 강화도와는 많이 다르다. 39년 고려의 수도였던 강화도는 바다를 메운 간척사업을 통해 엄청난 땅을 만들었다. 원래의 강화도는 여러 개의 섬으로 바닷가도 굴곡이 심한 리아스식 해안이었다. 현재 강화도를 보면 둥글고 약간 길쭉한 고구마를 닮았다. 리아스식 해안선이 아닌 완만한 바닷가는 금방이라도 본토와 닿을 듯 가깝다. 갑곶진에서 바라 본 김포를 보면 세계를 평정한 몽골군이 이렇게 가까운 바다를 건너지 못한 것이 의아스러울 정도다.

13세기의 강화, 간척을 하기 전에 강화도의 해안을 상상한다면 바닷가는 가파르고 정강이까지 푹푹 빠지는 갯벌은 끝이 없다. 강화의 갯벌은 밀물이면 물이 먼저 차오르고, 썰물 때는 가장 나중까지 물이 남는 갯골이 허다하다. 몽골은 강화해협을 넘지 못했다.

1246년 최우가 왕을 위해 잔치를 열었는데 여섯 개의 상에 칠보(七寶) 그릇을 늘어놓았으며 음식들이 극히 풍족하고 사치스러웠다. 최우가 "오늘과 같이 좋은 날이 다시 있겠는가?"하며 자화자찬했다. 최우가 잔치와 풍악을 즐긴 나머지 사람들을 모아놓고 술을 마시는 것이 절도가 없었다.

청자에 담긴 술에 취하고 비단옷을 입고 춤을 추며 놀았을 최우는 강화도에서 행복했을까?

시대의 흐름을 거부한
위화도 회군의 좌군 도통사 조민수

1388년 음력 5월 7일, 5만여 명의 요동 정벌군은 압록강 하구 위화도에 있었다. 계속되는 장맛비에 고립된 정벌군에게 우왕과 최영은 요동으로의 공격을 지시했다.

"작은 나라가 큰 나라를 거역할 수 없다. 여름철에 군사를 동원할 수 없다. 왜적이 침입할 수 있다. 장마철이라 활의 아교가 녹아 풀어지고 전염병이 발생할 수 있다."며 4불가론을 주장했던 이성계는 조민수를 설득했다. 마침내 '위화도 회군'이 이루어졌다.

성공한 반란군의 실질적인 총사령관이었던 좌군도통사 조민수는 권력의 중심에 섰다. 그는 당대의 대유학자 이색을 끌어들여 우왕의 아들인 창왕을 즉위시켰다. 회군을 주도한 이성계로서는 받아들일 수 없었지만 어쩌지 못했다.

창왕의 나이 9살에 불과하나 장성하면 회군 세력을 반란군으로 규정하여 제거할 지도 모를 일이다. 하지만 조민수는 거침이 없었다. 이성계와 맺은 연합전선을 붕괴시킨 그는 권문세족의 화신이었던 이인임과도 결탁하려 했다. 부패하고 노회한 구세력과 손을 잡으려 했으니 개혁의 주체가 아니라 개혁의 대상임을 선포한 격이다.

이인임과 임견미는 물푸레나무를 휘두르며 농민들의 토지를 강

경남 창녕에 있는 조민수의 묘

제로 빼앗고 멀쩡한 백성들을 노비로 만들었던 인물들이다. 이들
과의 차별화를 분명히 했어야 하는 조민수는 권력에 취했다. 공신
첩과 5도 도통사의 막강한 관직을 이용해 백성들의 전민(田民)을
빼앗아 축재(蓄財)했다. 시대적 과제인 토지개혁의 반대를 분명히
한 것이다.

기회를 엿보던 회군의 동지, 우군도통사 이성계는 신진사대부의 조준과 결탁하여 한방을 준비한다. 사전(私田)개혁을 반대하던 조민수는 대사헌 조준의 상소로 몰락한다. 주군(州郡)을 경계로 대토지를 소유했던 권문세족의 기득권을 지지해 준 그를 동정하는 사람은 없었다. 신진사대부의 개혁파들을 외면하고 보수적인 기득권 세력들과의 이해관계에서 벗어나지 못한 조민수의 몰락은 예상된 결과였다.

위화도 회군 당시에 이성계 보다 더 높은 지위에 있었던 조민수가 실패한 이유는 무엇일까. 자신이 몰아 낸 우왕의 아들을 후사로 세우고, 이성계와의 연합전선을 먼저 파기하여 명분마저 상실했기 때문이다.

이성계는 정도전과 조준을 앞세워 권문세족들의 토지문서를 모아 개경의 왕궁 앞에서 불태웠다. 토지문서가 여러 날 불탔다는『고려사』의 기록은 고려 백성들의 오랜 한이 풀렸음을 보여주는 것이다. 과전법으로 토지를 나누어 받은 백성들이 쌀밥을 이밥이라 불렀다고 하는 것의 사실여부를 떠나 실질적인 복지정책으로 나타난 결과이다.

잠깐의 권력에 취하여, 권력을 이용하여 탐욕의 끝판왕으로 군림했던 조민수는『고려사』의 '간신조'에 실렸다. 이런 걸 유취만년(乳臭萬年)이라 할 것이다. 냄새를 만년 동안 풍기더라도 좋은 냄새가 아니면 무슨 의미가 있단 말인가.

고려시대가 우리에게 말한다

다시 역사를 말한다.

사실을 꼼수라고,

진실을 거짓으로 도배하는 대한민국의 주류사회에서 외면(?) 당하는,

외면 받을 수밖에 없는 역사의 끈을 놓을 수 없었다.

'사유하는 인간'으로서,

사회의 비판적인 학문의 가치까지는 아니더라도

활자의 행간(行間)을 더듬기 위한 초보자의 행로(行路)는

어설픔 속에서도 멈추지 않을 것이다.

3.

조선의
역사타파

세금을 내기 싫어한 양반들에게
100년의 저항을 받은 대동법

　파란만장 했던 즉위식이 끝났다. 광해군의 거침없는 개혁은 '분배의 실현'이 목적이었다. 1608년 영의정 이원익은 "각 고을의 진상(進上)과 공물이 관아의 방납인에게 막혀, 물건 값이 3~4배 또는 수십배에 이르며, 특히 경기도가 심하다."고 건의한다. 특산물 납부대신 1결당 쌀12말을 거두자는, 공납의 조세화 주장이다. 광해군은 고민 끝에 대동법의 시행을 결단한다. 교지에 선혜(宣惠)라는 말을 관청의 이름으로 삼았다. 임진왜란 시에 백성들의 어려움을 목격한 광해군이었기에 가능한 일이다.

　1623년 3월, 광해군은 탄핵된다. 폐모살제(廢母殺弟)와 숭명반청(崇明反淸)의 성리학적 명분의 근본 속셈은 조세 정의에 대한 지주들의 승부수였다. 서인이 주도하고 남인이 동참한 인조반정의 명분은 1년 만에 와해된다. 반정공신 이괄은 1624년 1월에 군사를 일으켜 한양에 무혈입성 한다. 허둥지둥 공주로 피신한 인조는 인절미를 먹으며 허기를 달랬지만, 궁궐이 점령된 미증유의 사태에도 백성들의 동요는 없었다. 대의와 현실의 명분은 고사하고 권력의 내부에서 벌어진 논공행상의 추악성을 한양의 백성들도 알고 있었기 때문이다.

경기 평택에 있는 대동법 시행 기념비

반정 이후 개혁은 과감해져야 했다. 백성들의 생활에 필요한 일상적이고 지속적인 개혁, 대동법의 전국 실시를 즉각적으로 시행해야만 반정은 완성되는 것이다. 왕실과 조정이 고통을 분담하고, 혜택을 나누어 주는 최소한의 사회통합을 위한 안전망 확보가 우선이었다. 초유의 전란으로 전 국토가 황폐화 되고 권력과 토지를 가진 자들의 위선과 리더십의 붕괴를 회복하는 길은 극심한 불신과 증오를 거두는데 있어야 했다.

　조선의 백성들에게 광해군 15년의 정치적 유산은 소중한 것이다. 조세정의에 대한 확신은 분명한 시대흐름이었다. 만약에(부질없는 가설은 속절없이 허탈하지만) 인조반정 이후에 서인과 남인의 지주들이 자신들에게 부과된 공납을 원칙대로 토지의 결수에 따라 납부한 대동법의 시행을 서둘렀더라면 삼배구고두의 치욕은 당하지 않았을 것이다. 하삼도(下三道)인 충청·전라·경상도의 지주들이 격렬하게 반대한 대동법은 시행 백 년 째인 1708년(숙종 34년)에서야 전국적으로 시행된다. 개혁 피로증과 조급증에 지치지 않은 김육을 비롯한 개혁관료와 이름 없는 백성들의 민심이 이룩한 위대한 승리였다.

　노론의 영수 송시열에게 효종은 묻는다. "호서(湖西) 지방에 대동법을 실시하니 백성들의 반응은 어떠한가?" 1651년(효종2년) 대동법의 충청도 실시를 강력하게 반대한 송시열은 말한다. "편리하게 여기는 자가 많으니 좋은 법입니다." 구밀복검(口蜜腹劍)도 이 정도면 전례에 없다.

누가 그들을 열녀라 칭하고 환향녀라 불렀나

환향녀들이 회절하는 정성으로 몸과 마음을 씻었던 서울의 홍제천

30만~50만의 조선인들이 끌려갔다. 그중에서 여인들의 숫자가 얼마인지 모른다. 또 그중에서 살아 돌아온 2만 5000여명의 여인들 중 상당수가 자살했거나 자살을 시도했다. 이들은 목을 매거나 강물에 몸을 던져 죽었다.

천신만고 끝에 살아 돌아온 이들은 고향사람들의 경멸과 가족의 비난을 견딜 수 없었다. 돌아온 여인들은 환향녀(還鄕女)라 불렸다. 이 말은 '화냥년'이란 말로 변하면서 '정절을 지키지 못한 여자'라는 의미가 더해졌다. 여인들은, 이른바 남성 중심의 가문과 사회에서 버려졌고 죽음으로 내몰렸다.

'열녀 이데올로기'에 숨은 폭력성의 절정은 자신들의 잘못을 엉뚱한 것으로 몰아가려는 왕조와 사대부들의 파렴치였다. 백성을 지키지 못한 왕과 집권 서인들은 엎드려 사죄했어야 했다. 백성의 생명을 지키지 못한 지배세력이 잘못을 구하기는커녕 '정절을 지키지 못했다'며 자살을 방조하고 끊임없이 강요한 것이다.

'어버이가 잘못했다고 한들 어버이를 바꿀 수 없으며 원망할 수도 없다' 효의 논리를 지배 이데올로기로 삼고 그 뒤에 숨어 남 탓으로 일관한 것이다. 사대부의 책임회피 태도와 왜곡된 가족주의도 반성해야 한다. 이 광기어린 조선판 마녀재판의 환향녀 논란에 대해 인조가 내린 조치는 전국적으로 회절강(回節江)을 지정한 것뿐이다.

도성과 경기도 일원은 한강, 강원도는 소양강, 경상도는 낙동강,

충청도는 금강, 전라도는 영산강, 황해도는 예성강, 평안도는 대동강을 각각 회절강으로 삼았다. 병자호란의 난리를 제공한 인조는 '환향녀들은 회절하는 정성으로 몸과 마음을 깨끗이 씻고 각자의 집으로 돌아가라. 몸을 씻는 것으로 모든 죄는 사라진다. 만일 회절한 환향녀를 받아들이지 않는 사례가 있으면 국법으로 다스리겠다.'고 밝혔을 뿐이다.

『인조실록』에 사관은 자신의 견해를 덧붙였다. "사신은 논한다. 충신은 두 임금을 섬기지 않고 열녀는 두 남편을 섬기지 않으니, 이는 절의가 국가에 관계되고 우주의 동량이 되기 때문이다. 사로잡혀 갔던 부녀들은, 비록 그녀들의 본심은 아니었다고 하더라도 변을 만나 죽지 않았으니, 절의를 잃지 않았다고 할 수 있겠는가. 이미 절개를 잃었으면 남편의 집과는 의리가 이미 끊어진 것이니, 억지로 다시 합하게 해서 사대부의 가풍을 더럽힐 수는 절대로 없는 것이다."

흐르는 강물에 몸을 씻으라는 것도 어이없지만, 나라를 지키지 못한 임금이 '회절 하는 정성 운운'하는 것은 염치조차 없다.

2016년의 주권국가 대한민국이여, 그러므로 '일본군 위안부' 할머니들에게 무슨 짓을 하고 있나. 가녀린 여인들에게 국가가 대답할 차례이다. 남아있는 시간이 촉박하다.

경상도 보리문둥이(?)는 이렇게 시작되었다

90년대 초반 군 생활했던 경상도 바닷가엔 영남지역 출신들이 많았다. 내무반에선 자주 들렸던 '문둥이 가스나'라는 표현은 이해되지 않았다. 나병(한센병) 환자가 경상도에만 유독 많았던 것도 아닐 테고, 환자들의 집단 거주지로 격리됐던 것은 전라도의 소록도로 알고 있었기에 더 혼란스러웠다.

도대체 경상도 사람들은 스스로를 왜, 문둥이라고 부르는 것일까. 또한 그 말은 언제부터 생겨난 것일까. 문둥이 앞에 보리란 수식어가 들어가는 이유는 무엇일까. 하루종일 바다가 보이는 군부대에서는 해결할 수 없는 궁금증은 전역 후에 늦바람의 공부를 하면서 풀렸다.

굶어죽지 않으려는 농민들의 간절함은 조선후기에 와서 조금씩 해결될 기미가 보였다. 모내기의 확대로 인한 엄청난 생활의 변화 때문이다. 특히 경기와 호남, 호서 지역 사람들은 쌀밥을 먹다가 추수한 쌀이 떨어지는 때인 음력 4월에서 6월까지만 보리로 끼니를 이을 정도로 벼의 생산력이 4배 이상 증가했다.

하지만 경상도는 전라도나 충청도에 비해 산이 많았다. 논이 부족하다보니 쌀만으로는 1년을 버티기 어려웠다. 경상도 사람들이 쌀을 대체할 작물로 공을 들인 것이 보리였다. 이규경이 쓴 『오주연문장전산고』에 의하면, 다른 지역에서 쌀밥을 먹는 시기인 겨울에도 경상도에선 보리밥을 먹었다. 이러한 사실 때문에 경상도를 생각할 때 무엇보다 먼저 연상되는 것이 보리였다. 강원도 사람을 감자바위라고 할 때의 감자처럼, 보리가 경상도 사람을 연상케 한 것이다.

그렇다면 문둥이의 연원은 무엇일까. 문둥이는 문동(文童)이라는 말이 시대를 이어오면서 바뀐 것이다. 특히 문동이라는 말은 조선후기 붕당 정치사와 밀접한 연관이 있다. 영남은 숙종 초까지만 해도 지역에 기반한 정치세력이 중앙정계에 진출하고 일정한 영향력을 행사했다. 하지만 숙종 때의 환국기에 근기지방의 서인이 권력을 장악하면서 영남 남인은 재야세력으로 전락한다. 1728년(영조 4년)에 발생한 이인좌의 난으로 회복하기 어려운 타격을 입었다.

이후에 영남 남인들이 중앙에 의견을 피력할 수 있는 수단으로 활용된 방법이 집단상소였다. 이러한 관행에 따라 18세기 이후 영남의 거의 모든 유생이 서명한 유소를 통해 자신들의 정치적 의사를 표현하곤 했다. 영남의 정치적 소외가 분명해 질수록 상소에 서명하는 유생 수가 증가했다. 정조 이후 영남 유생 만명이 서명한 상소라는 의미의 영남만인소(嶺南萬人疏)가 자주 등장하는 이유이다.

만인소가 작성되면 상소의 맨 처음에 서명한 이와 그를 지지하는 유생들이 함께 상경한다. 19세기 서울은 다른 지역과는 비교할 수

없을 만큼 화려했다. 서울 사람들의 옷맵시는 아름답고 세련됐다. 영남 유생이 쓰는 사투리와 유행에 뒤진 옷들은 서울 사람들의 눈에 잘 띄었다. 서울 사람들은 상소를 하러 올라온 영남 유생을 보고, "영남의 보리 문동(文童)들이 또 상소를 올리러 왔구나." 하는 말들이 유행했다. 상소가 잦아지면서 영남 사람하면 '보리문동'이라고 표현하게 된 것이다.

하지만 보리문동은 어디까지나 경상도의 양반들을 지칭한 말이지, 경상도 사람들 모두를 일컫는 말은 아니다. 보리문동으로 불리던 이들 역시 양반이 아닌 평민들과의 연대감은 없었다. 격변의 한국 현대사에 와서야 경상도 사람들은 보리문동이라는 일체감을 갖게 된 것이다.

호랑이 담배피던 시절의 담배 이야기

한여름 뙤약볕 아래 담뱃잎 따기는 고된 작업이다. 학생시절 농촌봉사 활동의 짧은 기억 속에도 담배밭 작업은 힘든 노동이었다. 이제 '농활'은 '호랑이 담배 피우던 시절'의 이야기다. 아주 오래전 이야기를 말할 때 관용구처럼 쓰는 담배 이야기는 임진왜란 이후 일본을 통해 들어왔다.

그렇다면 담배 예절(?)은 언제부터 시작되었을까. 조선의 세시풍속을 기록한 유득공의 경도잡지(京都雜志)에는 '비천한자는 존귀한 분 앞에서 감히 담배를 피우지 못한다'고 되어 있다. 또 '거리에서 함부로 담배를 피우거나 높은 관리가 행차할 때 피우는 것도 엄한 치죄를 받는다'고 되어있다.

기록으로 볼 때 이러한 풍습들은 전래 직후부터 생겨난 것으로 추정된다. 예절의 유래를 보면 조정에서 어전회의를 할 때 신하들이 담배를 피우는데 연기가 높은 곳으로 올라가 임금에게로 가는 바람에 금지시켰다는 것과 담배 불씨로 인해 곤룡포가 타게 돼서 임금 앞에서 피우지 못하게 했다는 것이다.

담배가 확산되던 시기는 임진왜란, 병자호란을 겪

은 조선에서 신분제의 동요에 따른 사회질서가 와해되던 혼란기였다. 붕당의 독점체제를 강화하던 서인정권은 북벌론을 주장하더니 급기야는 예송논쟁을 일으켜 소중화 의식을 고취하기 위해 몸부림쳤다. 궁궐의 예법을 확정한 사대부들은 남녀노소 즐겨 피던 담배에도 예절을 정했다.

어른과 윗사람이 있는 곳에서 함부로 필 수 없어진 담배는 고급화 됐다. 양반 사대부들은 담뱃대와 담배합에 멋을 부리기 시작했다. 담뱃대는 오동(烏銅)으로 만들어 금·은으로 치장하고, 담배합에는 매화·대나무로 화려하게 장식했다. 신윤복의 풍속화에 사람의 앉은키보다 긴 담뱃대를 물고 있는 사대부의 모습이 자주 보이는 것은 당시 유행의 반영이다.

18세기 이후의 담배는 사치품으로 인식되어 중화의식에 사로잡힌 양반들에 의해 담배예절을 만들어 낸 것이다. 화려한 담뱃대를 입에 문 지배층에 맞선 백성들은 담배 피는 것조차 예법을 따라야 하는 이중의 고통을 겪은 것이다.

최근에도 전매품목인 담배는 국민의 건강증진을 위하고자 가격을 대폭 인상한 바 있다. 진짜 속내는 국가의 재정 수입 증대를 목표로 했을 테지만 말이다.

성공한 정변,
세조 즉위로 부패한 특권집단이 훈구파가 됐다

반정(反正)은 '바른 상태로 돌아가게 한다.'는 뜻이다. 중종 반정과 인조 반정이 반정(反正)의 의미를 담고 있는지 갸웃하지만, 왜 세조의 등극은 반정으로 기록하지 않았을까.

12살의 어린 왕을 위해 김종서와 황보인을 제거한 계유정난이후 수양대군은 정치적 권한이 없는 종친으로 살았어야 한다. 정상적인 국가운영을 무너뜨린 세조의 즉위는 반대파에 대한 피의 숙청으로 이어졌다. 세종과 문종 시절에 왕실과 백성을 위해 불철주야 노력하던 조선의 엘리트 들은 '충신불사이군(忠臣不事二君)'의 유교적 신념을 추종하는 이들과 권력의 단물을 찾아 이동하는 불나방 같은 부류로 나누어졌다.

더 큰 문제는 처음부터 사리사욕을 위해 기웃거렸던 자들에 의해 정난(靖難)이 성공한 것이다. 왕이 될 수 없었던 수양대군을 왕으로 세운 이들에게 벼슬이 주어졌고 토지와 노비는 덤으로 따라갔다. 역모가 아니라면 어떤 잘못에도 처벌 받지 않는 특권이 주어졌다. 국법위에 군림한 한명회와 홍윤성에게 아첨하며 기생하는 무리들이 차고 넘쳤다. 이들이 훈구파였다.

1452년 계유정난의 정난공신 43명, 1455년 단종을 쫓아낸 좌익공신 46명, 1467년 함경도에서 발생한 이시애의 난을 정벌하고 적

개공신 45명을 임명했다. 중학교 교과서에 등장한 '동북지방의 두 차례 반란을 진압했다'라는 표현은 이시애의 난과 이징옥의 난(본 질상 단종 복위 사건)을 말한다. 세 번의 공신첩 발행은 정통성이 없었던 왕이 공신을 남발해야 했고, 많아진 공신들의 전횡은 왕실의 권위를 약화시켰다.

세조는 죽기 6개월 전인 재위 14년(1468년)에 "분경을 금한 것은 본시 어두운 밤에 애걸하는 자 때문에 설치한 것"이라며 분경을 허용한다. 사실상의 매관매직을 인정한 것이다. 세조 집권 고작 14년 만에 조선의 건국정신은 무너졌다. 공신과 그 가족들인 특권층 1만 명은 경자유전(耕者有田)의 원칙에 근거한 과전법의 정신을 훼손하고 전국에 걸친 농장 소유를 자랑했다.

1452년 11월(단종 1년), 계유정난은 그들만의 성공한 쿠데타였다. 부정한 방법으로 권력을 쟁취한 '세조의 집권으로 왕권이 강화되었다'는 교과서의 주장은 바로잡을, 최소한 논쟁할 부분으로 기록하라.

우리가 먹는 김치는 조선시대에 만들어졌다

　미련 곰탱이와 까칠한 호랑이가 쑥과 마늘을 100일 동안 먹겠다고 환웅을 찾아온다. 곰은, 경쟁자인 호랑이가 사라진 상태에서도 21일을 더 먹고서야 여자의 몸으로 변했다. 일연 스님의『삼국유사』에 등장한 마늘의 효능은 경이롭다. 마늘을 먹은 곰이 사람의 몸으로 변할 수 있다는 것은 토템사상과는 별개로 명약의 효과다. 마늘은 여전히 건강식품으로 소중한 밥상의 찬거리다.

　'아버지는 나귀타고 장에 가시고… 고추 먹고 맴맴'은 빈곤한 시절의 먹거리와 관련이 있다. 16세기 중반에 포르투갈인이 일본에 전한 것으로 알려진 고추의 한반도 상륙은 1592년 임진왜란 즈음이다. 이수광의『지봉유설』에는 고추를 왜겨자라고 쓰고 있다.

　'아삭'하고 맛있게 먹는 김치 광고의 색감은 빨간색이다. 광고에서 빨간 김치가 아니면 김치 맛을 전달받지 못한다. 이처럼 익숙한 빨간 김치의 역사는 한민족 역사에서 겨우 4백 여년에 불과하다. 하얀 김치는 고려의 이규보가 남긴『동국이상국집』에 염지(鹽漬)라고 표기한 것으로 볼 때 예전부터 먹었을 것이다.

　16세기 초반에 '딤채'라는 말이 등장했다. 구개음화 현상으로 김채로 변하여 발음하기 좋은 '김치'로 불려졌다. 김치의 어원은 소금에 절인 채소의 의미다. 17세기 이전에 한반도에 살았던 선조들은 싱싱한 김치보다는 푹 절여진 김치를 먹었다. 저장 기술이 없던 시기에 장

기간 보존할 수 있는 방법은 소금에 절여 두는 것이다.

인간은 정착이후 발생한 계급사회의 출현과 국가의 탄생 과정을 경험했다. 정착의 필수조건은 식량의 안전한 확보였다. 절인 김치는 지배층의 필수 식량(?)이었을 것이다. 고려시대의 기록에서 무장아찌, 소금에 절인 순무 등 다양한 김치가 등장하고, 마늘과 생강 등의 양념이 사용되고 있다. 하지만 모든 것들을 압도하는 찬거리는 빨간 김치, 즉 고추로 양념된 김치의 등장이다. 조선후기에 이르러서야 김치의 원형이 만들어졌고, 총각김치, 오이소박이, 오이지, 가지김치 등의 다양한 김치가 개발된다.

20세기를 대표하는 인류학자 레비스트로스는 "음식을 구워 먹는 요리법보다 발효시켜 먹는 요리법이 훨씬 진보한 것"이라고 말했다. 유럽인들의 식탁에 불에 익히거나 구운 음식들만이 올라올 때 우리는 다양한 양념을 첨가한 발효 음식을 먹었다.

저장음식을 먹은 우리들이 '빠르게'를 외치게 된 것은 겨우 반세기전이다.

아무나 칠 수 없었던 조선의 신문고

백성을 근본으로 삼는 원칙은 '덕치'의 유교이념이다. 태종 4년 (1404년), "국가에서 백성의 의사가 왕에게 전달되지 못할까 염려하여 신문고를 설치하였다. 백성들에게 치도록 허락하여 왕의 귀와 눈이 막히고 가려지는 근심을 없애니, 이것은 진실로 좋은 법이요, 아름다운 뜻이다."라고 실록은 기록했다.

'글을 모르는 백성을 위해 설치한 신문고를 통해 의견을 수렴하여 국가 정책에 반영한 것으로 표현하여 민주적인 제도였다.' 라고 서술한 교과서는 정직하지 못하다. 신문고는 전국의 백성들이 언제 어디서나 칠 수 있는 것이 아니다.

궁궐 안에 있는 신문고는 그림의 떡이었다. 서울에 올라오는 것보다 더 힘든 것은 절차의 복잡성이다.

신문고를 치기 전에 해당 관청에 호소하고, 억울함이 해결되지 않았다고 생각한 백성은 사헌부에 의뢰한 후 허가를 받아야만 가능했다.

경국대전의 제한규정은 이랬다. '국가안위와 불법살인 이외는 상관을 고발하거나, 백성들이 수령을 고발할 수 없다.' 결국 신문고는 민본중심이 아닌 상명하복의 이념을 따를 것을 홍보한다. 상하와 귀천의 구분이 명확하다는 사실을 인식한 백성들이 신문고 치는 것은 아예 포기하도록….

1650년에 창건 사액된 심곡서원은 정암 조광조를 봉안한 곳이다

정암 조광조, 현실을 무시한 이상주의자였나, 왕도정치를 준비한 개혁자였나

"임금을 어버이처럼 사랑하였고, 나라를 내 집처럼 근심하였네, 해가 아래 세상을 굽어보니, 충정을 밝게 비추리." 양지바른 광교산 능선에 정암 조광조 묘소 입구에 있는 절명시 내용이다.

역사 시험에도 나오는 기묘사화, 1519년 음력 동짓달 중종실록을 기록한 사관은 조광조의 죽음에 대해 긴 논평을 남겼다. "사신은 논한다. 전일에 좌우에서 가까이 모시고 하루에 세 번씩 뵈었으니 정이 부자처럼 아주 가까울 터인데, 하루아침에 변이 일어나자 용서 없이 엄하게 다스렸고 이제 죽인 것도 임금의 결단에서 나왔다. 조금도 가엾고 불쌍히 여기는 마음이 없으니, 전일 두텁게 총애하던 일에 비하면 마치 두 임금에게서 나온 일 같다."

깊은 밤 영문도 모른 채 의금부에 끌려온 사헌부 대사헌 조광조는 자신에 대한 변론도 못하고 죽었다. 도학군주라고 믿은 중종은 조광조를 빨리 죽이라고 재촉하며 밀지를 내렸다. 자신의 죽음이 훈구파의 음모 때문이라고 생각하며 죽었다는 게 차라리 다행이려나.

1482년(성종13) 서울에서 태어난 조광조는 17세에 평안도 어천역에 부임하는 아버지를 따라갔다가 인근에 유배 중이던 김굉필을 만났다. 소학을 정통으로 공부한 그는 김종직의 학통을 잇는 사림의 주요인물로 성장했다. 33살에 급제한 조광조는 중종의 신임을 얻어 3년 만에 홍문관 부제학의 청요직에 등용됐다.

도학(道學)정치를 목표로 한 그는 뜻을 같이 하는 정치세력을 규합한다. 학문적 소양과 개혁의지가 있는 젊은 인재들을 발탁하기 위한 특별 시험인 현량과(賢良科)도 실시한다. 추천제인 현량과를 통하여 신진인사를 과감하게 영입하여 정치권의 물갈이를 시도한 것이다. 그 결과 개혁 성향의 젊은 사림이 정계에 대거 진출했다.

조광조는 중종에게 도덕적으로 완벽할 것을 요구했다. 왕과 신하가 국정을 논의하는 경연을 활성화시켰다. 성리학 이외의 사상을 차단하기 위하여 도교행사를 주관하던 소격서를 폐지했다. 또한 사림이 향촌을 주도할 수 있는 자치 규약인 향약을 실시하고, 소학을 보급시켰다.

한발 더 나아가 위훈삭제를 주장했다. 위훈삭제는 중종반정에 대한 공으로 받은 훈작(勳爵) 중에 가짜로 받은 것을 색출하여, 이를 박탈하고, 이들에게 지급한 관직·토지·노비 등을 몰수하는 것이었다. 비록 반정에 의해 추대된 중종이지만 왕권과 관련된 부분에 대해서는 단호하게 반응했다. 홍경주와 남곤 등이 경빈 박씨를 움직여 나뭇잎에 주초위왕(走肖爲王)이라는 글자를 새기고 이를 알게 된 중종이 조광조를 제거했다는 주장은 훗날의 사림세력이 확대 해석한 것이다.

훈구세력에 의한 조광조 축출이 아닌 중종이 기획하고 연출한 일정대로 진행된 것이다. 도학정치에 크게 관심이 없었을 중종에게 위훈삭제는 사림의 왕권도전과 능멸이라고 생각한 것이다. 현량과로 천거된 후배 사림들의 여론에 밀렸던 개혁 일정과 조급성은 조광조가 이루고자 했던 경제·사회 개혁을 허사로 만들었다. 이미 기득권 세력의 중심에 있는 중종의 마음을 읽지 못한 책임, 사림의 정치적 지위 확보에 다급했던 후배들을 단속하지 못한 책임은 조광조에게도 있다.

뮤지컬과 드라마는 역사가 될 수 없다,
누가 그를 조선의 국모라고 불렀나!

　왕비가 침전에서 일본의 낭인들에게 참혹하게 죽은 사건의 충격은 가혹하다. 역사와 민족을 동일시하는 우리가 창작 뮤지컬 〈명성황후〉를 보고 분개하는 것도 당연하다. 분하고 억울하다고 고종과 중전 민씨를 조선의 자주적 근대화를 이룩하려던 인물로 치켜세워 주는 것은 더더욱 아니다.

　사후에 명성황후로 추존된 중전 민씨는 흥선대원군 부인의 천거로 1866년(고종 3) 두 살 아래 고종과 혼인한다. 세도정치에 민감했던 흥선군 이하응의 선택은 분명했다. 여덟 살에 부친을 잃은 중전 민씨는 인현왕후의 후손으로 어린 시절부터『춘추』를 읽을 정도로 총명했다. 반전은 입궁 7년 후에 나타났다. 조선 최초의 살아있는 대원군을 축출하는데 앞장선 인물이 중전 민씨였다.

　고종의 친정(親政)은 중전 민씨가 정치적 반려자 또는 그 이상의 정책 결정권자라는 것을 대내외에 알리는 계기였다. 을미사변 이후 고종이 왕비의 죽음을 그토록 애도한 것은 믿을만한 정치적 동반자의 상실과 정치적 고립감도 한몫했을 것이다.

　강화도 조약이후 근대화를 통한 개화정책의 추진을 위해 가장 필요한 것은 재정 확보였다. 어설프고 조급했던 김옥균이 일으킨 갑신정변이 실패한 근본이유는 청나라 군대가 아닌 민씨가 장악한

재정 때문이었다.

봉건왕조의 재정은 분리되지 않은 경우가 많았다. 개화정책을 추진하기에도 벅찬 가난한 조선이었기에 왕실의 삶도 윤택할 수 없었다. 고종과 중전 민씨는 딴 주머니에 극도로 집착한다. 지방관이 보내는 뇌물의 양에 따라 충성도가 결정되고, 그 액수에 따라 좋은 자리가 보장됐다.

군인들의 월급이 13개월이나 밀려서 터진 임오군란 당시에 충주까지 도망친 중전 민씨는 국모를 포기한 것이다. 궁궐에서 도망친 그는 청나라 군대를 끌어들여 대원군을 납치해 가도록 했고, 백성들을 살해하도록 했다. 민씨 정권의 부패는 끝날 줄 몰랐다.

외국군대를 끌어들여 백성들을 죽인 중전 민씨를 국모라고 불러야 한다는 주장은 일본 제국주의 폭력적 야만성에 분노하는 것과는 별개여야 한다. 그가 죽은 15년 후의 조선 백성들에게 닥친 재앙의 책임에서 중전 민씨는 자유롭지 않다.

잃어버린 간도, 사라져 버린 백두산 정계비

조선의 심마니는 산삼을 찾는데 탁월했다. 이로 인해 만주 지역과 백두산 일대에서 청나라 인들과 마찰이 빈번했다. 고향인 만주 지역에 대한 오랜 봉금 정책으로 일관했던 청나라는 국경 문제에 대해 관심을 갖기 시작했다.

1712년 청은 국경선 실측을 제의해 왔다. 조선에서는 예조참판인 박권을 접반사로 삼고 함경감사 이선부와 현지의 수령, 군관 등을 동행케 했다. 두 나라 대표는 실측을 위해 혜산진에서 백두산 정상을 향해 올라갔다. 이때 박권과 이선부는 힘이 부쳐 가지 못했고, 군관과 통역관만 백두산에 정상에 올랐다. 오라총관 목극동은 천지의 남쪽 비탈에 이르러 경계를 표시할 지점을 지정했다. 일방적인 결정이었다. 목극동은 정계비에 두 대표 이름을 새겨야 하는 형식 요건이 필요했다. 목극동은 무산으로 내려와 박권과 상의하여 두 강의 상류에 목책과 흙과 돌을 쌓아 경계를 표시하자고 합의했다. 경비는 청에서 부담하고 작업은 우리 쪽에서 맡기로 했다.

정계비를 설치한 곳은 함경북도 무산군 삼장면으로 해발 2200m 지점이다. 백두산 정상에서 남쪽으로 4km쯤 내려온 곳이다. 비문에는 "오라총관 목극동이 황제의 지시를 받들어 변경을 조사하려 여기에 이르러 살펴보니 서쪽으로 흐르는 물은 압록강이 되고 동쪽으로 흐르는 물은 토문강이 되기에 분수령 위에 돌을 새겨 기록해 둔다."라는 문장이 적혀 있다. 또한 박권의 이름은 빠지고 군관과 통역관의 이름만이 병기되었다.

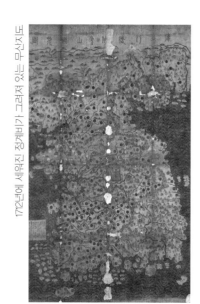

비석에서 문제가 되는 부분은 토문강이다. 백두산 천지에서 발원한 갈래는 송화강 상류인 이도강으로 합류하는데 이를 청나라 사람들은 토문강이라 부른다. 토문강을 경계로 할 경우 바로 토문강 남쪽에 해당하는 북간도 일대는 우리 영토가 되는 것이다. 목극동은 토문강을 두만강으로 착각했던 모양이다. 이 경계 표시로 목극동은 처벌을 받았다. 하지만 현지에 살던 이들은 토문강과 두만강을 구분해 불렀으며 바로 토문강을 두 나라 경계로 여겼던 것이다. 청나라 사람들은 두만강을 도문강(圖們江)이라 불렀다.

국권을 강탈당한 1910년 이후에 백두산 정계비는 사람들의 관심에서 멀어졌다. 백두산을 등반하는 사람들의 이정표로 전락했다. 1931년 만주를 침략한 일본은 만주국을 세웠다. 청의 마지막 황제였던 푸이 선통제를 만주국의 책임자로 임명했다.

이 시기에 정계비가 사라졌다. 일본은 만주와 조선의 국경을 정해놓은 과거의 기록을 지우고 싶었을 것이다. 역사는 지운다고 사라지는 것은 아니다. 정계비는 없지만 사진과 탁본은 남아있다.

성균관 학생들도 시위했다

입학 자체가 하늘의 별따기 만큼 어려웠던 조선 최고의 국립대학. 성균관 유생들의 자부심은 대단했다. 생원과 진사로 구성된 학생들은 대과 준비생으로 출세길이 보장된 예비관료였다. 전원 기숙사 생활에 학비 일체를 국가에서 제공해 주며 최고 엘리트로서의 대접을 받았다. 입학은 까다로웠지만 졸업은 정해진 기한이 없었다. 과거에 급제하면 성균관을 떠났으니, 시험에 합격하기까지는 학생으로서 품위유지를 할 수 있었다.

이런 유생들이 시위를 했다. 실록에는 96회의 시위를 한 것으로 기록되어 있다. 시위는 조정의 부당한 처사, 훌륭한 학자에 대한 문묘배향 요구, 이단에 대한 배척을 요구한 것이다. 자신들이 배우는 학문과 어긋나는 일, 자신들의 신념에 대치되는 조정의 주장에 대해서 들고 일어난 것이다.

이들의 시위에 대해 조선 정부는 굳이 막지 않았던 것으로 보인다. 유학을 근본으로 한 조선은 유생들의 주장을 국가 발전을 위한 기회로 삼은 것이다. 때문에 성균관 유생들은 시위 모의를 위해 몰래 숨어서 할 필요가 없었다. 재회(齋會)라고 하는 학생회와 유사한 자치 기구에서 결정하면 행동으로 옮겼다.

명륜동에서 유소(儒疏: 유생들의 서명부)를 들고 경복궁까지 시위하던 유생들은 소장을 대궐에 보내놓고 답변이 나올 때까지 기다린다. 대답이 늦어지면 천막 농성시위도 불사했다. 답변이 마음에 들지 않으면 새로운 내용을 만들어 올리기도 했다. 소통을 거부하는 임금에 대해서는 정면으로 맞섰다. 우선 수업 거부와 단식 투쟁에 돌입한다. 요즘으로 치면 집단 휴학 동맹 결의와 비슷하다. 최악의 경우는 기숙사에서 퇴거하여 집으로 돌아가 버린다. 이렇게 되면 임금의 입장이 난처해진다. 국왕의 통치력에 문제가 있다는 것을 조선 8도에 공고해 버리기 때문이다.

조선 최고의 성군이라는 세종이 대궐 안에 불당을 세우자 성균관 유생들이 학교를 떠나 집으로 가버렸다. 갖은 압력으로도 유생들이 학교로 복교하지 않자 결국 영의정 황희가 유생들의 집을 찾아다니며 설득하여 해결했다.

국가의 권력이 올바로 집행되고 관료들이 그나마 청렴하던 조선 전기 성균관 유생들의 시위는 수용과 설득의 관점에서 처리했다. 하지만 조선 후기에는 변화가 생겼다. 고급 학교의 기능이 서원으로 이관되고, 성균관 학생들의 정원도 절반이상 줄면서 발언권이 약화된 원인이 컸다. 무엇보다 권력을 차지하려는 붕당의 영향을 받은 학생들이 사분오열 되어 버려 힘을 모으는 것 자체가 어려웠다.

출세를 미끼로 줄 세우기를 요구한 기성 권력자들에게 적당히 타협한 명분 없는 시위는 관제 시위였다. 민심과 여론의 호응을 얻지 못한 것은 당연한 것이었다. 민심은 천심이지만, 이러고도 나라가 망하지 않았다. 자랑거리는 아닐 것이다.

서울 종로에 있는 성균관 대성전

허균—능지처참을 당하다

광해군 10년(1618) 8월, 반역의 주모자로 몰린 허균은 두 팔과 두 다리·머리와 몸통이 6개 조각으로 찢기는 능지처참을 당했다. 허균은 1589년 누이 허난설헌이 죽은 슬픔을 딛고 생원 시험에 합격했다. 1594년의 과거에서 을과로 급제했지만, 평소 자유분방한 행동으로 방탕자라는 비난을 받아 온 탓으로 관직 임용은 늦어졌다.

1597년에야 형의 도움으로 황해도 도사(종5품, 오늘날의 부도지사)에 임명되었다. 하지만 그는 서울의 기생들을 임지로 데려가 놀았다는 이유로 곧 파면되었다. 해직되어 서울로 돌아온 허균은 이듬해인 1598년 보란 듯이 문과 중시(문과 급제자들을 대상으로 10년마다 시행하던 시험)에 장원 급제해 조정의 중요 문서를 다루는 관리로 임용되었다. 여기서도 그는 일 년도 못가 방탕한 생활로 다시 해직되었다. 1601년 복직되었으나 2년 만에 양반의 품위를 손상한 자로 탄핵받아 관직을 박탈당했다. 예조 판서였던 형의 도움으로 1604년 다시 복직되어 황해도 수안 군수와 성균관 전적(교관)을 거쳤다.

1607년 삼척 부사로 있다가 불교에 심취해 관청 안에서 염주를 목에 걸고 일하는가하면 걸승 흉내를 냈다가 다시 쫓겨났다. 네 번

째 해직된 그는 1608년에 공주 부사로 복직되었는데 임지에 가자마자 탄핵을 받아 함경도로 유배되고 말았다. 1610년에는 시험 감독관으로 있으면서 친구와 친척들을 우선 합격시키는 부정행위를 저질렀다는 이유로 다섯 번째 해직을 당했다. 1612년 12월 일본의 정세를 조사하는 왜정 진주사(倭情陳奏使)가 된 허균은 바로 다음 날 역모 혐의가 있다는 사간원의 탄핵을 받아 해직되었다. 이처럼 여러 번의 해직을 낳은 허균의 관직 생활은 평소 서얼 차별 같은 신분 제도의 모순에 불만을 품은 그의 자유분방한 행동의 결과이기도 하다.

허균이 방탕한 생활로 불만을 표현했던 것만은 아니다. 서얼에게도 관직 임용의 길을 열어 달라는 상소를 제출해 조정의 미움을 사기도 했으며, 자신의 뜻이 받아들여지지 않자 여섯 명의 서얼 출신들과 강원도 산 속으로 들어가 죽림칠현을 본떠 강변칠우(江邊七友)라 자처하기도 했다. 그의 일곱 번째 해직은 역모 혐의로 인한 것이었는데 일을 함께 꾸민 자들이 입을 다물어 처벌은 면했으나, 전라도 태인에서 거의 감금과 같은 격리 생활을 했다. 1613년 마지막으로 복직된 허균은 트집 잡힐 일을 피하면서 현실적인 처세를 하는 한편 남몰래 혁명을 준비해 갔다.

1617년 12월 정책 입안의 총책임자인 좌참찬 자리까지 오르며 왕의 신임을 받던 허균은 자신이 역모에 관련되었다는 사실이 누설되자 거사를 앞당기기로 했다. 무력으로 궁궐을 점령해 양반들을 몰살시킨다는 계획 아래, 민심을 동요시키기 위해 밤에 남산에 올라가 "외적이 침입했으니 서울을 버리고 피난 가라"고 외치기도 했다. 불심 검문에 걸린 부하 현응민이 고문에 못 이겨 궐기 계획을 자백하는 바람에 체포당한 허균은 광해군의 심문을 받았다.

허균만큼 파란만장한 생애를 살다 간 인물은 찾기 힘들다. 그는 일곱 차례나 관직에서 쫓겨났으면서도 거사를 위해 계획적으로 고위직까지 진출한 유일한 인물이다. 또한 세상을 뒤엎는 혁명 소설을 쓰면서 자신이 직접 혁명을 계획하고 실천한 혁명가였다.『홍길동전』은 해피엔딩으로 끝나지만 정작 작가의 최후는 비극이었다.

매매 · 상속 · 증여의 대상이었던 노비는
현대판 비정규직이다

　노비는 단지 말하는 짐승이었다. 노비의 눈물은 마를 날이 없었다. 귀족과 양반들이 글공부나 하고 국가백년지대계 운운하는 동안 말하는 짐승 들은 노동에 종사하며 주인의 필요에 따라 물건처럼 팔렸다. 양반집이면 누구나 노비를 거느렸고, 상속할 때 자식들에게 골고루 나누어 주었다.

　1398년 7월 6일 태조에게 올린 형조의 보고를 보면 "무릇 노비의 값은 비싸봐야 오승포 150필에 지나지 않는데 말 값은 4,5백 필에 이르고 있습니다. 이것은 가축을 중히 여기고 사람을 가벼이 여기는 것이므로 도리에 어긋나는 일입니다. 원컨대, 지금부터는 무릇 노비의 값을 남녀를 논할 것 없이 나이 15세에서 40살까지는 4백필로 하고 14살 이하와 41살 이상인 자는 3백필로 하여 매매를 정해야 할 것입니다."

　임진왜란이나 병자호란 때는 말 한 마리와 노비 열 명을 맞바꿨다. 임진왜란 당시 말 한 마리 값이 은자 열 냥 정도라고 했으니 노비 한명의 값이 은자 한 냥에 불과 했던 셈이다. 이처럼 노비는 주인이 맘대로 사고팔 수 있는 동산이었다.

　유럽에서 노비는 반인 반물이라 했고, 우리나라에서는 육인사물이라고도 했다. 즉 반은 사람이고 반은 물건이라는 것이었다. 경국

대전에는 매매에 관한 규정이 있는데 가옥을 매매하거나 전답을 매매할 때 15일 안에 무를 수 있고, 100일 안에 등기를 해야 한다고 한다. 그 밑에 작은 글씨로 노비도 또한 이와 같다고 썼다. 재산상속을 할 때에는 일일이 노비의 숫자를 셈하여 자식들에게 골고루 나누어 주었다. 노비들은 주인집의 상속에 즈음하여 부모 자식 간에 생이별하는 경우가 다반사였다.

19세기에 들어와 노비의 수는 급격히 줄었다. 하지만 노비는 주인이 맘대로 사고 팔 수 있는 대상이었다.

심부름을 하는 청지기, 상전이 외출할 때 수행하던 상노, 안방마님의 시중을 들며 이야기 상대를 해주는 안잠자기, 마님의 몸종인 상지기, 밥을 짓는 식모나 찬모, 바느질 하는 침모 등도 노비나 다름없었다.

이들 역시 매매의 대상이었는데, 동학농민운동 당시에는 소 한 마리에 미모의 계집종 하나를 포함한 다섯 명의 노비와 맞바꾸었다. 다만 행랑아범, 행랑어멈 등은 매매되지 않았다.

요즘도 일자리의 반 이상이 비정규직이다. 주인 맘대로 사고파는 시대는 아니지만, 갑을 관계가 난무하는 오늘의 모습이 과거보다 얼마만큼 좋아진 것일까.

권력에 취한 연산군과
재물에 눈먼 황희의 아들 황수신

　자신을 비판하는 사람을 제거하기 위해 정치를 조작했다. 왕권에 도전한다고 생각한 훈구대신들을 몰아내기 위해 만들어진 사화는 감독과 주연을 연산군이 했다. 연산군에게 사림과 훈구는 자신의 향락 생활에 걸림돌이 되는 세력이었기 때문이다.

　경연(經筵)을 폐지한 그는 전국에 채홍사와 채청사를 보내 젊은 여성들을 뽑아오게 했다. 또한 지금의 탑골공원 자리에 있던 원각사를 폐지한 뒤 그곳에 기생(당시에 운평이라 부름)들을 모아놓고 연방원이라 했다. 나라의 운세가 평안해졌고, 아름다운 꽃이 연달아 핀다는 해석에 기가 찰 따름이다.

　연방원에서 가무를 익힌 운평들이 수시로 대궐로 들어갔으니 그들을 흥청이라 불렀다. 왕이 운평에 의해 흥겨우면 나라도 흥할 것이라는 의미였다지만 연산군이 쫓겨난 이후에 흥청망청이 흥청과 놀다가 망했다는 사실로 널리 알려졌다.

　구중궁궐에서 연산군이 흥청들과 어울려 있을 때, 흥청의 주변 인물들은 권세를 부렸다. 힘없는 백성들의 재물을 빼앗고 행패를 부린 그들에 대한 원망은 왕에 대한 뒷담화로 나타난 것이다.

　세종의 치세기는 영의정 황희의 뛰어난 업무 추진력과 관리의 모범이라 할 수 있는 청백리의 삶이 있었기에 가능했을 것이다. 그가 죽은 뒤 실록에 사관이 적은 기록을 보면 분명해 진다.

"황희는 관대하고 후덕하며 침착하고 신중하여 재상의 식견과 도량이 있었다. 후덕한 자질이 크고 훌륭하며 총명이 남보다 뛰어났다. 집을 다스림에는 검소하고, 기쁨과 노여움을 얼굴에 드러내지 않았다…… 재상이 된 지 24년 동안에 중앙과 지방에서 우러러 보면서 모두 말하기를 어진 재상이라 하였다."

황희의 아들인 황수신도 대를 이어 영의정에 올랐다. 부자가 영의정에 오른 것은 대단한 일이다. 그러나 황수신에 대한 사관의 기록은 가혹하다.

"성황 심역황" 다섯 자로 정리한 황수신에 대한 일생은 '성도 누렇고 마음도 누렇다'는 뜻이다. 치욕적인 인물평이다.

억울한 호소, 격쟁을 울려라

백성들은 왕에게 직접 호소할 수 있었다. 우리가 알고 있는 신문고를 치면 된다. 하지만, 대궐 문루에 걸려 있었던 신문고는 아무나 칠 수 없었다. 그마저도 연산군은 아예 없애버렸다. 반정에 성공한 중종 때부터 징을 쳐서 왕에게 호소하는 격쟁이 신문고를 대신하여 백성들에게 알려졌다. 언로를 막았던 연산군을 몰아 낸 중종에 대한 기대감이 격쟁을 만들어 냈을 것이다. 대궐에 들어가 치던 관행은 영·정조 시기에는 왕의 궐 밖 행사시에 징을 치는 경우가 많았다. 백성을 살피려는 군주의 마음을 이용하려는 백성들의 절박함 때문이다.

징을 친 백성이라 해도 왕의 행차를 막았기 때문에 형식적인 처벌을 받았다. 처벌을 감수할 만큼의 억울한 백성의 호소는 들어 주겠다는 뜻이었다. 왕조국가 조선은 백성의 마음을 얻기 위해 가장 억울한 이야기들을 직접 챙겨 들었던 것이다.

민주공화국인 대한민국에서는 사회 지도층이라고 하는 사람들이 모여서 식사를 하는 행사가 흔하다. 그들이 나누는 이야기를 덕담이라 쓰고, 해법이라 소개한다. 사회적 약자들은 그 자리에 앉을 수도 없다. 당연이 억울한 국민의 이야기는 들리지 않는다.

조선시대 거지들의 안식처는 다리 아래였다. 겨울철에도 솜옷을 입기 어려운 거지들에게 다리 밑은 그나마 따뜻한 곳이었다. 거지들에게도 정부 차원의 복지정책을 실시했다. 그들에게 뱀을 잡으다 팔 수 있

는 독점권을 허락했고, 죽을 쑤어 나눠주기도 했다. 행패 수준이 아니라면 동량에 대해서도 관대했다. 거지나 노숙인들은 궁민(窮民)이라 불렸다. 궁지에 몰린 백성이란 뜻이다. 더는 물러날 데가 없는 궁민들에게 최소한의 너그러움을 보였던 조선은 위기의 전란을 겪고도 5백 년을 버틴 것이다.

국민의 마음을 제대로 얻으려면 법과 원칙만을 강조하지 마라. 자기들과 다른 생각을 하는 사람들의 이야기를 듣지 않던 불통정부는 결국 계약된 시간을 채우지도 못하고 문을 닫았다. 스스로에게는 관대하고 타인에게 엄격했던 그들에겐 한 푼의 동량도 아까운 날이다.

일확천금을 꿈꾸다–흥부전의 박씨와 상평통보의 발행

우리 역사에서 최초의 화폐는 996년 고려 성종 때 만들어진 건원중보이다. 1423년 세종 5년에도 조선통보를 발행했으나 유통되지 않았다. 교과서에 널리 유통된 것으로 알려진 상평통보는 1633년 상평청에서 주조한 것이다. 몇 번의 폐기를 거듭한 상평통보는 1678년 숙종 대에 재발행 된 후에야 전국적인 법화로서 정착된다.

광범한 유통에도 불구하고 상평통보는 신뢰하기 어려운 화폐였다는 것이다. 모양은 비슷했지만 불량품이 너무나도 많았다. 조선후기를 배경으로 하는 사극에서 거래 시에 동전을 자세히 살펴보는 장면을 추가해도 어색한 장면은 아니다.

상평통보 제작을 관리 감독하는 관청이었던 호조는 개인에게도 특허를 내주었고, 지방의 감영이나 군영에서도 찍어냈기 때문이다. 통용되는 지역마다 구리의 함량이 다른 것은 물론 고의적으로 비싼 구리 대신 철의 함량을 높여 부정 축재하는 관리들도 있었다. 실학자 유수원은 '주조한 성분이 분명치 않고, 무게도 서로 다르며 두께와 넓이마저 다르다.'고 기록했다.

화폐의 질이 떨어졌다는 것은 화폐의 가치가 떨어졌다는 것과 같은 의미다. 상평통보의 질이 나빠질수록 시장에서 상품의 가격은 올랐다. 조선 왕조가 취한 방법 중의 하나인 연례주전법으로 상평통보를 연간 10만 냥씩만 주조하자 전황이라 불리는 화폐부족 현상도 나타났다.

화폐의 기능을 유통수단이 아닌 재물 축적의 수단으로 생각했기 때문이다. 유수원이 '쌀을 쌓아두면 관리하기 어렵고 썩어서 못 먹게 될 것이고, 광목이나 베를 사들여 축적한다면 습기나 좀 등으로 못 쓰게 될 것이지만, 화폐는 그러한 면에서 매우 편리하다.'고 했다. 화폐가 나오고 나서 평민들의 삶이 더 어려워졌는데, 실록에는 '흉년에 화폐마저 없는 사람들이 자기 자식을 잡아서 고기로 먹었다'는 기록도 등장한다. 재물 축적을 할 수 없었던 일반 백성들은 화폐보다 식량을 더 중요하게 생각했다.

처음에는 사대부들도 화폐를 천하게 여겼다. 직접 만지기보다 노비에게 대신 지니게 하거나 부득이한 경우는 젓가락을 사용했다. 그조차 힘들 때는 왼손으로 만졌다. 선비들이 오른쪽 소맷자락 안에 화폐가 있다는 사실은 누구나 알았다. 오죽했으면 오른쪽 소맷자락을 뒤에서 툭 쳐서 돈이 떨어지면 주워 도망치는 행위 또는 그런 자를 소매치기라 했을까.

이러한 현상은 정조가 발표한 신해통공으로 인해 무너지기 시작했다. 조선의 경제체제가 사농공상의 성리학의 명분보다 중상주의 실학자들의 노선을 받아들일 만큼 상품 화폐 경제가 발전하고 있었다. 흥부의 박씨는 일확천금에 성공한 부농의 모범으로 조선 8도에 퍼져 나갔을 것이다.

일부 계층의 재산 증식에만 도움이 되었던 상평통보의 발행, 조선판 양극화의 전주곡이었다.

강화도령 철종은 정말 일자무식이었나

사람팔자 시간문제라더니 조선의 25대 철종이 그러하다. 왕족이었지만 역적의 후손으로 태어나 유배지를 전전한 그에게 붙은 '강화도령'이란 별칭은 친근하다. 1849년 6월, 헌종이 아들을 남기지 못하고 죽었다. 왕으로 옹립된 철종에 대한 기록은 많이 남아있지 않다. 수렴청정을 하던 대비 순원왕후의 지시에 따라 천주교 신자로 사사(賜死)된 철종의 할아버지 은언군과 강화도에서 빈농으로 살다가 죽은 아버지의 기록이 세초(洗草)되었기 때문이다.

헌종이 승하한 이틀 뒤인 6월 7일, 영의정 정원용은 철종을 모시러 강화도로 떠났다. 그가 70여 년간 쓴 『경산일록』에는 실록에 없는 그날의 이야기가 생생하게 그려져 있다.

"갑곶진에 이르렀다. 배에서 내리니 강화유수 조형복이 기다리고 있었다.(나는 왕의) 생김새도 연세도 몰랐다… 내가 말했다. 이름자를 이어 부르지 마시고 글자 한 자 한 자를 풀어서 말하십시오. 관을 쓴 사람이 한사람을 가리키며 말했다. 이름은 모(某)자, 모(某)자이고 나이는 열아홉 입니다…(대왕대비의) 전교에 있는 이름자였다."

14살부터 5년 동안 형과 함께 가난하게 살아가던 이원범은 어안이 벙벙하지 않았을까. 정치범·사상범으로 고통을 당했던 가족들을 보고 자란 그에게 들이닥친 관원들을 보고 도망갔다는 이야기가 남아있으니 말이다. 일자무식이고 농사를 짓고 나무를 해서 먹고 살

철종 어진

앉다고 알려진 철종의 강화 생활은 권력을 잡고 있던 한양 세도가들이 일부러 소문을 냈을 것이다. 백성들이 생각한 강화도령의 친근성과는 다른 소문이다.

철종은 1831년 서울에서 태어난 엄연한 왕족이었다. 벼슬길에 나갈 수 없는 처지였으니 공부에 매진하진 않았을 것이다. 왕이 된 후에 사가(私家)에 있을 때의 교육에 대해 묻는 질문에 소학까지 배웠다고 말한바 있으니 글을 몰랐던 것은 아닌 듯 하다.

"내가 어찌 특혜를 입히는 일을 하지 않을 수 있겠는가. 돈과 곡식과 묵은 세금 빚 가운데 징수할 수 없는 것은 모두 없애주고, 다른 물건으로 대체하는 방법을 강화유수로 하여금 조정과 상의하여 그 장점을 따라 조치하도록 하라"는 철종의 지시는 강화에 대한 애정에서 나온 것이다.

실록에는 동네의 무뢰배가 술에 취해 원범에게 말을 함부로 했던 것까지 기록되어 있다. 그 무뢰배가 어떻게 되었는지는 설명하지 않았다. 강화도령 원범은 처벌하지 않았을 것이다. 14살이 되도록 한양에서 살았으니 지게 지는 것도 서투르지 않았을까. 그가 5년 동안 강화에서 살 수 있었음은 백성들의 도움을 받았기 때문이리라.

이원범이 옹색하게 살았던 초가삼간은 사라졌다. 강화의 철종 생가는 '용흥궁'으로 새 단장했다. 세도정치의 정점에서 무능한 왕으로 묘사된 철종이지만, 강화에서 만큼은 아닌 듯 하다.

삼전도비

무능한 인조에게 삼전도의 치욕은 그나마 다행이었다

왕은, 세 번이나 궁궐을 버렸다. 1623년 반정은 성공했지만 서인의 권력은 불안했다. 1624년 이괄의 난과 1627년 정묘호란은 시작에 불과했다.

용포를 벗고 청의(靑衣)를 입은 인조는 백마(항복의 표시)를 타고 남한산성 서문을 나섰다. 1637년 1월 30일 송파 삼전나루는 강바람이 세차게 불었다. 조선의 인조는 청 태종 홍타시를 향해 삼배구고두의 예를 올렸다. 세자를 비롯한 조선의 대소신료들은 모두 울었다. 청 태종은 항복 의식 중에 고기를 개(犬)에게 던져 주었다. 항복한 조선은 개였으며, 고기는 황제의 은전이었다.

그토록 무시하던 오랑캐에게 항복한 인조는 부끄러웠다. 백성들의 눈이 많은 남대문(숭례문)으로 들어오지 못하고 서대문(돈의문)으로 우회했다. 돈의문 앞에 기다리고 있던 한 노파가 손뼉을 치며 통곡했다. "강화도에서 검찰사 등이 술판을 일삼아 백성들을 다 죽였습니다. 누구의 허물입니까. 네 아들과 남편이 모두 적의 칼날에 죽고 이 한 몸만 남았으니… 하늘이여! 하늘이여!"〈연려실 기술〉에 기록된 참상은 무능한 왕과 조정의 관리들을 질타하는 내용이다.

1636년 12월초 13만 명의 청나라 팔기군이 압록강을 건넜다. 청군은 난공불락의 요새였던 강화도로 인조가 피난하는 것을 막기 위해 바람처럼 달려왔다. 긴박했던 조선은 강화 검찰사(강화 경비사령관)로 제찰사(전시 총사령관)인 김류의 아들 김경징을 임명했다.

나라를 지키겠다는 신념도, 위기 대처 능력도 없는 김경징은 인조 반정의 일등공신이었던 김류의 후광 덕분에 한성판윤에 임명된 자였다. 강화도로 피난하는 사람들을 막고 자신의 가솔과 친구들을 먼저 보낸 그는 강화유수 장신과는 지휘권을 놓고 알력했다. 강화도의 지형을 믿고 청군의 행동을 살필 군사조차 배치하지 않았던 김경징은 청군이 상륙하던 1월22일 아침 가장 먼저 도망쳤다.

　실록에는 기막힌 장면이 나온다. "적병이 갑곶진을 건너자 김경징은 늙은 어미를 버리고 달아났다… 김경징의 아들 김진표는 제 할미와 어미를 협박하여 스스로 죽게 하였다. 강화유수 장신의 어미는 굶주림 속에 얼어 죽었다… 김경징은 나룻배를 타고 장신의 배로 가서 달아났다. 천총(연대장급 장교) 구일원이 장신을 꾸짖고 물에 빠져 죽었다."

　군림하려고 할 땐 한 치의 양보도 없던 두 사람은 백성은 물론 제 어미조차 버리고 도망갈 때는 의기투합 한 것이다. 그들이 버린 강화도에서 수많은 조선의 백성들은 살육 당했으며, 조선의 여인들은 바다에 투신했다. 울부짖음은 염하를 넘지 못하고 바다에 버려졌다.

　인조는 살아서 안락한 창덕궁으로 돌아갔다. 조선의 백성 수 십만은 포로가 되어 끌려갔다. 실록엔 다시 기록됐다. "우리 임금이시여, 우리 임금이시여, 우리를 버리고 가십니까."

　2014년 4월 16일에도 수백 명의 학생들은 아우성쳤다.

　"살려주세요. 우리를 구해주세요." 하지만 대한민국은 그들을 구하지 못했다.

투표를 실시한 세종,
토지세 결정을 위해 17만 여명에게 찬반을 묻다

1430년, 공법(貢法)이라는 새로운 세법 시안에 대한 찬반 의사를 묻는 투표를 실시했다. 17만여 백성이 투표에 참여하여 9만 8천 여명이 찬성, 7만 4천 여명이 반대했다. 노비나 여성을 제외한 모든 백성을 대상으로 한 것으로 오늘날의 국민투표와 비슷한 것이다.

투표의 내용은 토지 1결당 10두의 세금으로 확정하는 것이 핵심 내용이었다. 이전까지는 관리가 직접 논밭을 돌아보면서 수확량을 확인하고 세금을 정하는 답험손실법(踏驗損失法)이 적용됐다. 이는 관리들의 주관적인 판단에 의해 세금이 정해졌기에 문제가 있었다.

세종은 관리들의 의견을 들은 후에 최종적으로는 백성들에게 찬반 여부를 물었다. 1430년 3월 5일부터 8월 10일까지 5개월간 전국에 걸쳐 투표가 실시됐다. '정부·육조와 각 관사와 서울 안의 전함(前銜) 각 품관과 각도의 감사·수령 및 품관으로부터 여염(閭閻)의 세민(細民)에 이르기까지 모두 가부(可否)를 물어서 아뢰게 하라'는 기록 외에도 찬성과 반대의 이유도 적어놓았다. 투표 이후에는 세법을 보완하고 1437년 전라도와 경상도 지역에서 공법을 시범적으로 실시했다. 1441년에는 충청도까지 확대했다.

공법은 연분 9등법과 전분 6등법으로 최종 확정되어 1444년부터

세종대왕

시행됐다. 1결당 20두에서 4두에 이르는 차등 세금이 적용된 것이다. 연분 9등법과 전분 6등법은 토지의 비옥도로 6등급으로 나누고, 풍흉에 의해 상상(上上)에서 하하(下下)의 9등급으로 나누는 제도이다.

토지세법에 대한 찬반 여부를 위한 투표에서 목적을 달성하고도 최종적인 판단을 14년 동안이나 미룬 세종의 성품은 천성이다. 천성이 그렇다 해도 과정의 민주적 절차를 생각했을 그의 판단이 있었기에 2백년 동안 시행된 토지세의 기준은 별탈이 없었다.

절차와 과정을 생략하거나 무시해버렸던 대한민국 대통령은 비선조직을 좋아했다. 참으로 불행한 시절을 슬기롭게 극복했기에 벚꽃 대선을 행복하게 치룬 것이다.

'생즉필사 사즉필생(生卽必生 死卽必生)'

"아직도 신에게는 12척의 전선이 있습니다. 죽을힘을 다해 막아 싸우면 아직도 할 수 있습니다. 전선이야 비록 적지만 신이 죽지 않았으니 적이 감히 우리를 업신여기지 못할 것입니다."

1597년 음력 9월 16일 명량해전을 앞두고 이순신은 '생즉필사 사즉필생(生卽必生 死卽必生)'의 준엄한 훈시를 했다. "적선이 비록 많다 해도 감히 우리 배를 침범치 못할 것이니 조금도 동요하지 말고 힘을 다해 적을 쏘아라." 거제 현감 안위의 배가 가장 먼저 앞으로 나왔다. 이어 중군장 조항 첨사 김응함의 배도 차차 지휘선 가까이 다가왔다. 이순신은 안위를 불렀다. "안위야, 네가 군법에 죽고 싶으냐. 도망간다고 해서 어디 가서 살 것이냐" "예, 어찌 감히 죽을힘을 다하지 않겠습니까?"

이순신의 위엄에 찬 질책에 안위는 황급히 대답하고 적진으로 돌진해 들어갔다. 이어 김응함에게도 큰 소리로 외쳤다. "응함아, 너는 중군으로서 멀리 피해 대장을 구하지 않으니 그 죄를 어찌 면할 것이냐. 당장 처형할 것이지만 전세 또한 급하므로 우선 공을 세우게 둔다." 그러자 김응함도 적진을 향해 앞서 나가기 시작했다.

이순신의 형제 이름은 희신, 요신, 순신, 우신이다. 중국의 전설적인 임금인 복희씨와 요순우를 본받아 임금에게 충성을 다하는 신하가 되길 바라는 마음을 담은 이름이다. 만약 이순신이 부모의 요구에 충실

충무공 이순신

한 아들이었다면 그저 그런 인물로 남았을 것이다.

　을사늑약이 체결되자 다양한 계층들이 의병에 합류했다. 대다수는 농민들이었다. 그러자 유식한 애국 계몽주의자들이 점잖은 말로 의병들을 나무랐다. 시일야방성대곡을 써서 을사오적을 규탄한 장지연은 '지금은 헛되이 목숨을 버리고 나라를 혼란스럽게 만들 때가 아니라 차분히 본업을 지키며 실력을 키워서 후일을 기약할 때'라고 말했다. 나라를 지키는 것은 유식한 지식인들이 아닌, 목숨을 걸 만큼의 용기가 필요한 평범한 농민들이었다. 의병을 비웃던 다수의 계몽주의자들은 일본의 힘에 굴복하고 부귀영화를 누리며 살았다.

　석연찮게 군대를 가지 않은 고위 공직자가 '건빵 맛은 여전하다'고 말하는 걸 보니 그도 군대를 면제 받은 게(?) 찔리긴 했나보다. 제발, 국군통수권자를 하려거든 병역문제 만큼은 제대로 해결하고 나와라.

꽃처럼 아름다운 화성

"호위를 엄하게 하려는 것도 아니요, 변란을 막기 위한 것도 아니다. 여기에는 나의 깊은 뜻이 있다. 장차 내 뜻이 성취되는 날이 올 것이다."(정조실록 15년)

정조는 1792년 초여름 정약용을 조용히 불렀다. 수원에 새 성을 쌓겠다는 뜻을 밝히고 좋은 방책을 강구해 보라 이르고 관련 도서를 내려주었다.

정약용은 고심 끝에 기중기(起重架)의 설계 도면을 바쳤다. 무거운 물건을 들어 올리는 도구였다. 1794년 2월 시작된 공사는 2년 7개월 만에 완성됐다. 성 쌓기에 일반 백성이나 승군(僧軍)을 불러내지 않았다. 어디까지나 인부와 장인을 모집해 노임을 주고 거처를 제공했다. 5만 5000여 명의 인부가 몰렸다. 정조는 내탕금 86만 냥을 내놓았다.

화성은 팔달산을 끼고 낮은 구릉을 따라 쌓은 평산성이다. 성 중간에 작은 냇물이 흐르며 평지에는 방어호를 둘렀다. 총 둘레는 5520m이다. 성의 특징은 자연석이 아닌 벽돌을 섞어 사용하면서 돌의 규격을 맞추어 축조했다는 점이다. 사람이 거주하는 읍성의 기능과 방어의 역할도 겸했다.

정조는 왜 막대한 물량을 들이면서 성을 쌓았을까. 아버지인 사도세자를 그리워하는 효심이었을까. 근검절약을 몸소 실천한 그가 효를 위해 엄청난 예산을 들여서 성을 축조한 것은 아닐 것이다. 옹벽과 사통팔달, 방어와 공격의 목적을 갖고 있는 화성의 축성은 정조가 만들기 위한 이상적인 조선을 위한 첫 작업이라 할 수 있다.

정조는 49세에 죽었다. 빠르지도, 늦지도 않은 나이였다. 그런데도 그의 죽음은 안타깝고 아쉽다. 정조는 악성 종기를 오랫동안 앓았다. 온갖 처방에도 낫지 않자, 수은을 태운 연기로 종기를 치료하는 연훈방(煙熏方)을 쓰기도 했다. 1800년 6월 28일 정순왕후 대비 김씨는 손수 탕약을 들고 들어가서 어의를 내보냈다.

잠시 후에 대비 김씨의 통곡 소리가 들렸다. 어의들이 황급하게 뛰어 들어가자 정조는 중태에 빠져 있었다. 정조가 마지막 숨을 거두면서 남긴 말 수정전(壽靜殿). 행장을 쓴 이시수는 '할 말이 있다'는 뜻이라고 했지만 이 말은 곧 대비 김씨가 거처하는 곳을 가리킨 것이다.

정조는 종기가 처음 번질 적에 울화병 또는 심화병 탓이라 했다. 종기는 바람을 쏘여서는 안 된다고 하여 한 여름에도 문을 꼭꼭 닫아걸고 뜨거운 탕약을 수없이 마셨으며 수은 치료까지 받았다. 게다가 마지막 일주일은 억지로 미음 몇 모금을 넘길 정도였다. 울화병, 더위와 탈진 그리고 영양실조가 목숨을 재촉했을 것이다.

정순왕후 김씨는 어린 순조를 내세워 수렴청정을 실시한다. 1801

화성 동북공심돈

년 신유박해는 개혁 세력들을 죽음의 공포로 몰아 세웠다. 명분은 천주교 탄압이었지만 목적은 정조가 키운 신진 세력의 제거였다. 정약용은 유배길에 올랐고, 그가 직접 참여한 화성 건설의 기록인 〈화성성역의궤〉에서 조차 이름이 빠졌다.

정조의 개혁정치는 모조리 뒤집혔다. 조선은 그 후로, 다시는 진정한 군주를 만나지 못했다. 결국 나라가 망했다.

적폐역사 개념역사

김만덕에게 경영을 배워야 한다

김만덕은 1739년 제주에서 양인 신분으로 태어났다. 어려서 고아가 된 후 기녀에게 의지하여 살았기에 기적(妓籍)에 올라 관기가 되었다. 20세가 지나 관아에 억울함을 호소하여 원래의 신분을 회복했지만 만덕은 결혼하지 않고 경제적 자립을 택했다. 상업에 종사하여 거상이 되었다.

여성의 직업이라 생각조차 못했던 객주로서 성공한 만덕은 늘 검소하게 살았다. 정정당당하게 장사했다. 그녀가 50대 중반이던 1792년부터 제주에 흉년이 들어 수천 명의 사람이 굶어 죽었다. 흉년이 계속되자 1795년, 조정에서 구호미를 보냈지만 바다를 건너오는 도중 수송 선박이 침몰했다. 이 소식을 들은 만덕은 전 재산을 털어 육지의 곡식을 500여석 사들여 십분의 일은 자신의 친족을 살리고, 나머지 450여석은 구호 식량으로 쓰라고 관아로 모두 보냈다.

이듬해 정조가 제주 목사에게 김만덕의 소원을 물어보라는 명을 내리자, 만덕은 한양과 금강산에 가 보고 싶다고 답한다. 제주도 여자가 섬을 떠나 육지에 오르는 것이 법으로 금지된 시절에 당당히 소원을 말하는 그녀에게 정조는 내의원 의녀반수 벼슬을 내린다(평민은 임금을 알현할 수 없었다). 정조는 제주도에서 한양으로, 금강산으로 통하는 길목의 모든 수령들에게 만덕을 위해 최대한의 편의를 제공하라고 명했다.

형조판서를 지냈던 당대의 천재 이가환은 시는 다음과 같은 시를 써서 김만덕을 칭송했다.

만덕은 제주도의 기이한 여인 나이는 60인데 얼굴은 마치 마흔 살쯤. 천금을 던져 쌀을 사다 굶주린 백성을 구했네. 한 바다를 건너 임금님을 뵈었네. 다만 한 번은 금강산 보기를 원했는데 금강산은 동북쪽 멀리 안갯 속에 싸여 있네. 임금께서 고개를 끄덕이시며 날랜 역마를 내려주시니 천 리를 번쩍하고 강원도로 옮겨 갔네. 높이 올라 멀리 조망하며 눈과 마음 확 트이게 하더니 표연히 손을 흔들며 바닷가 외진 곳으로 돌아갔네. 탐라는 아득한 옛날 고씨 부씨 양씨로부터 비롯되었는데 한양을 구경한 여자는 만덕이 처음이었네. 우렛소리 요란하게 와서는 백조처럼 홀연히 떠나고 높은 기상을 길이 남겨 세상을 씻어줬네. 인생에 이름을 남기려면 이렇게 해야지 진나라 과부 청(淸)하고 어찌 비교할 수 있겠나.

만덕은 평생 혼인하지 않고 홀로 살았으며, 죽기 직전에 가난한 이들에게 남은 재산을 고루 나눠주고 양아들에게는 살아갈 정도의 적은 재산만을 남겼다.

편법 증여로 상속이 이루어지는 나라에서 대기업인을 대상으로 '김만덕 상'을 수여해 보면 어떨까. 답답하니 말도 안 되는 헛소리를 하고 있다.

인격을 중요시한 조선의 조기교육

　대한민국 지배층이 가진 강력한 무기는 경제력이다. 이것은 인격과는 너무 먼 거리에 있다. 조선시대 지배층이 가진 무기도 본질적으로는 경제력이었다. 하지만 조선의 사대부들은 노골적으로 경제력을 드러내진 않았다. 자신들이 경제력으로 사회를 지배한다는 인상을 심어주지 않으려고 조심한 것이다.

　그들은 지적·인격적으로 우월하다는 것을 보여주고자 했다. 그렇게 함으로써, 백성들이 자신들의 통치에 순종하고 쉽게 받아들일 수 있도록 한 것이다. 정조의 어머니인 혜경궁 홍씨는 〈한중록〉에 사도세자가 받은 조기교육에 관해 다음과 같이 기록했다.

　'두 살 때 글자를 배워 60개 정도의 글자를 쓰셨고, 세 살 때는 다과를 받으시자 목숨 수(壽) 자나 복 복(福)자 찍은 것만 잡수시고 (⋯⋯) 또 천자문을 배우시다가 사치 치(侈)자와 넉넉할 부(富)자가 나오자, 치(侈)자를 손으로 짚고 당신이 입으신 옷을 가리키시며 '이것이 사치'라고 하셨다.

　세 살 먹은 사도세자가 사치와 검소에 대한 가치 판단까지 한 것을 보면, 조선의 지배층들은 지식을 암기한 것만이 아닌 인격적 소양까지 훈련시켰음을 알 수 있다.

　조기교육은 왕실뿐만 아니라 사대부에서도 실시되었다. 고종 때 나온 민담집인 〈금계필담〉에는 김시습이 다섯 살 때 지은 삼각산에 관한 시를 듣고 세종이 감탄했다는 내용이 나온다.

통상 개화론자였던 박규수의 문집 〈환재집〉에도 박규수가 일곱 살 때 공자의 〈논어〉를 읽고 그것을 모방한 문장을 지었다고 한다. 21세기의 우리는 다섯 살짜리가 시를 지었다는 사실과 일곱 살짜리가 〈논어〉를 읽었다는 사실에 감탄한다.

하지만 조선시대 사람들은 다섯 살짜리가 시를 짓는 것과 일곱 살짜리가 유교 경전을 읽는 것 자체에는 별다른 반응을 보이지 않았다. 웬만한 사대부 가문에서는 어린 자녀들을 그렇게 가르쳤기 때문이다.

성리학 중심의 나라를 만들기 위해서는 검소가 미덕이어야 했다. 부귀영화를 누리기 위해 권력을 유지하는 것이 아닌 이상적인 사회를 만들어 가기 위해 권력이 필요한 것이었다. 특권 사대부들이 꿈꾸는 사회를 만들기 위해서는 자기 아이가 어려서부터 지적·인격적으로 일반 백성들과는 다르게 키워야 했다. 그래야만 아이가 훗날 성인이 되어 노비·소작농들을 쉽게 통솔할 수 있기 때문이었다.

조선이 임진왜란과 병자호란을 겪은 후에도 나라를 유지한 근본적인 이유는 사치를 과시하지 않은 지배층들의 노련함 때문이다. 노래 잘하는 사람도 멋져 보이지만, 명시를 낭송하는 사람은 또 다

른 매력을 준다. 사람 자체를 다시 보기도 한다. 조선시대 지배층들은 어려서부터 시를 짓고 암송하는 훈련을 받았다. 여기에다가 경전까지 줄줄 외우고, 도덕 교육까지 철저히 받았다. 이런 조기교육을 통해 그들은 아랫사람들의 지발적인 복종을 이끌어낼 수 있는 리더로 성장한 것이다. 이런 교육 덕분에 조선의 사대부들은 자신들의 지배가 '경제력에 의한 지배'가 아니라 '인격과 지식에 의한 지배'라는 존중적 존재로서의 이미지를 만들었다.

재벌 3세의 행패를 보는 국민들은 재벌들이 인격적으로 우월하다고 생각하지 않는다. 그들은 그냥 돈만 많은 한량들일 뿐이라고 생각한다.

영조의 위민 사상에는 허세가 없다

18세기 이후 한양에는 거지들이 많았다. 왕이 사는 곳에 굶어 죽는 사람이 있어서는 안 된다는 오래된 왕도사상의 영향 때문이다. 전국의 거지들이 몰려든 혜화문 부근과 용산의 활인서에서는 날마다 죽을 쑤어야만 했다. 한 그릇 죽을 먹기 위해 3000명의 굶주린 거지들이 몰려들었다. 거지들의 대부분은 기근과 흉년으로 고향을 버리고 온 빈민들이었다.

왕이 나서서 배고픈 백성을 구휼하는데 신하들이 모른 채 할 수 없었다. 서울의 부자들(대부분이 고위 관리였을)은 이때부터 거지들을 위해 빈자떡을 만들었다. 이 말이 변해서 유행가요에 나온 빈대떡이다. '돈 없으면 집에 가서 빈대떡이나 부쳐 먹지'에 나오는 빈대떡은 가난한 사람들이 먹을 수 있는 음식이었다.

영조 17년(1741) 좌의정 송인명이 "도성에 떠돌아다니며 빌어먹는 자가 매우 많으니 5부의 관원으로 하여금 친히 살펴 고향으로 돌아가기를 자원하는 자는 양식을 주어 보내고, 한양에 남고자 하는 자는 진휼청으로 하여금 구제토록 해야 한다"고 요청했다.

이에 영조는 "백성들의 사정이 이와 같은데 군왕이 그것을 듣고 떠날 사람은 떠나게 하고 머무를 사람은 머무르게 하는 것이 옳겠는가? 떠나기를 좋아하지 않는 자를 돌보게 단단히 타이르도록 하라"고 명했다. 좌의정은 한양으로 몰려드는 빈민들을 고향으로 돌려보내야

한다고 제안했지만, 영조는 군왕으로서 그들을 불쌍히 여겨 머무를 사람은 머무르게 하고, 떠나기를 좋아하지 않는 사람은 그대로 두어 진휼하도록 명한 것이다.

한양에 빈민이 계속 늘어나게 되자 하수처리에 문제가 생겼다. 남산의 나무들은 땔감용으로 베어졌고, 그 주변은 경작지로 개간됨으로써 하천으로의 토사 유입량도 계속 늘어났다. 홍수로 인해 청계천이 범람하자 전염병이 발생하자 이를 더 이상 방치할 수 없게 됐다. 영조는 궁리 끝에 청계천 준설 공사를 지시했다.

청계천 밑바닥에 있는 흙을 파내고 수로도 직선으로 변경하며 하천 양안에는 석축을 쌓도록 했다. 영조는 대역사를 착수하기 전에 백성들의 의견을 직접 들었다. 준설 공사도 곧바로 시행하지 않았다.

철저한 규정을 세우고 백성에게 피해를 주지 않기 위해 세심한 배려를 지시했기 때문이다.

공사는 1760년 2월에 시작해 4월에 끝났다. 공사에는 18만 여 명의 다양한 계층의 백성이 참여했다. 영조는 직접 현장에 나가 백성들에게 음식을 나누어 주며 격려했다. 영조는 준설 공사가 백성을 위한 것이지만 백성들을 괴롭힐 수 없다 하여 수만 민(緡: 동전 1000닢을 꿴 한 꾸러미)을 내어 노임을 주도록 하고, 공사를 재촉하지 말라고 했다. 6만 여명의 백성들에게는 일당도 주었는데 다수가 빈민들이었을 것이다. 공사를 마친 뒤 영조는 준설 과정과 재원, 인력 충원 방법, 담당 관리 등을 자세하게 적은 〈준천사실〉과 〈준천소좌목〉도 편찬하도록 했다. 백성들의 조세에 대한 부담을 경감시키는 균역법을 시행한 영조는 부족한 세금을 부유층에게 요구했고, 자신도 스스로 검약한 생활을 평생 실천했다.

얼마 전 전직 대통령의 회고록이 발간됐다. 4대강 사업과 관련하여 "한 해 수백 명의 인명피해와 수조원의 재산 피해를 내는 수해에 대한 근원적 해결방안을 마련하는 기초가 됐다."라는 회고록은 이런 원칙을 갖고 썼다고 한다. '사실에 근거할 것, 솔직할 것, 그럼으로써 후대에 실질적인 참고가 될 것.'

대한제국, 부정축재의 끝판왕들은
최고 권력자의 비호를 받았다

1935년 12월, 식민지 조선 최대 갑부였던 민영휘가 84세를 일기로 사망했다. 잡지 '삼천리'는 '민영휘 재산은 어디로 가나'라는 글을 실었다. 그의 재산 규모에 대해 '삼천리'는 평안감사 시절부터 긁어모으고 황실 내탕금을 이리저리하여 모은 것이 4000만원이고, 그 외에 중국 상해 회풍(홍콩 상하이)은행에 적립하여 놓은 것이 수천 만원이라 발표했다. 4000만원은 현재 화폐로 약 1500억 원에 해당하는 거금이다.

민영휘는 권력을 이용한 토색(討索·재물을 탈취함)으로 치부한 대표적인 친일파였다. 그의 부(父) 민두호도 돈을 긁어모아 쇠갈고리라고 불렸으며, 그가 추천한 민영주의 별명은 망나니였다. 무전취식이 주특기였던 그는 벼슬을 얻은 후에 백성의 고혈을 짜내어 부자가 되었다.

황현은 〈매천야록〉에서 민영휘가 평안감사로 있으면서 고종의 신임을 얻게 된 배경을 설명하고 있다. "남정철이 과거 급제 2년이 채 안 되어 평안감사가 되었는데, 왕비의 친척이 아닌 사람이 이렇게 빨리 귀한 자리에 나간 것은 근세에 없던 일이었다. 그가 평양 감영에서 계속 진헌(進獻:뇌물을 바침)하자 고종은 충성으로 생각해서 영선사로 뽑아 청으로 보내서 크게 기용할 뜻을 보였다.

　그러나 민영휘가 남정철의 자리를
대신한 후 작은 송아지가 끄는 수레
를 금으로 주조해서 바치자 고종은
얼굴색이 변해서 "남정철은 참으로
큰 도둑이었군. 관서(평안도)에 금이
이렇게 많은데 그가 혼자 독차지했
다는 말인가?"라고 말했다. 이때부
터 남정철에 대한 총애는 쇠퇴하고
민영휘는 날로 중용되었다. 국운은
기울어도 그의 권력욕은 끝이 없었다. 그는 "조선이 일본의 형제국
이니 일본의 보호국 되는 것은 부끄러울 것 없다"면서 일본 황실 종
묘를 매년 참배했다.

　어느 날, 고종은 조회를 마치고 물러가려는 민영주를 불러들였다.
"네가 요즘 대궐을 짓고 있다면서?" 당시 법도로는 종친도 99칸 이
상의 집을 지을 수 없었다. 그런데 고종의 귀에 민영주가 100칸이
훨씬 넘는 대저택을 짓는다는 소문이 들려왔다. 처조카뻘이라 벼
슬을 주긴 했지만 평소 망나니 소리를 들을 만큼 행실이 나빠 못마
땅하게 생각하고 있던 터였다.

　민영주는 낯을 붉히며 변명했다. "대궐이 아니오라 절이옵니다."

명동 가톨릭 교회

고종은 재치 있는 대답이라 생각하고 돌려보냈다. 얼마 뒤 고종은
다시 민영주에게 물었다.

"그래, 짓는다는 절은 다 지었느냐?"

"네"

"절에 어느 부처님을 모셨느냐?"

"세상 사람이 저더러 금부처라 하옵니다."

뚱뚱한 풍채에 워낙 재물을 밝혀 붙은 새로운 별명이었다.

'자리가 사람을 만든다'고 하지만 사람 나름이다. 요즘 정치권에
넘쳐나는, 사람의 도리를 저버리고 권력을 얻었던 자격미달자들 때
문에 나라 전체가 어렵다. 19세기말의 상황과 판박이다.

일본에 의한 침략 전쟁을
'임진왜란'이라고 불러야만 하나

　우리가 일본에 대한 원한의 감정을 갖게 된 출발은 임진왜란이다. 1592년 4월부터 시작된 전쟁은 7년 동안이나 이어졌다.

　평안도까지 일본군이 점령한 1592년 7월초 명군 3천명이 조승훈의 지휘 하에 압록강을 건너왔다. 우리 역사에서 최초로 외국 지원군대가 한반도에 들어온 것이다. 명군이 들어온 뒤 조선군은 뒷전으로 물러났다. 명군이 군사지휘권을 행사했기 때문이다. 1950년의 한국전쟁 시기 작전지휘권을 미군 중심의 연합군에 양도한 것과 유사하다.

　명은 전쟁을 종결하기 위해 일본과 강화교섭을 벌였다. 조선의 군왕 선조와 실료들은 교섭을 반대하고, 철저한 항전을 외치면서 수복 작전을 벌였다. 한국전쟁 때 정전회담을 반대하며 북진통일을 외친 이승만 대통령과 흡사하다.

　강화 회담 교섭 과정에서 도요토미 히데요시는 조선의 팔도를 분할하여 경상·전라·충청도와 경기도 일부를 차지하고, 한강 이북의 경기도와 서울과 강원·평안·함경도는 돌려주겠다고 제의한 것이다. 교섭이 무산되어 할지론은 묵살 되었지만 하마터면 이때 38선이 생길뻔 했다.

　7년 간의 전쟁은 아무런 승패 없이 끝났다. 히데요시가 병사하자 일본군은 떠났다. 일본군이 떠난 조선 땅에 명군은 남아있고 싶었을 지도 모르지만 만주에서 성장하는 후금군을 의식해야 했다. 임진왜란은 두 나라 군사들이 철수하는 것으로 끝이 났고 인질교환이나 전쟁 책임론도 없었다. 전쟁으로 인해 거덜 난 조선의 실상을 목격한 이수광은 〈지봉유설〉에 "세상 사람들이 서로 잡아먹어서 여자와 어린애들은 마음대로 바깥출입조차 못할 형편이었다. 굶어 죽은 시체가 쌓이면 사람들이 다투어 그 시체의 살을 떼어먹었다."고 기록했다.

전쟁이 끝난 뒤에 명나라가 망해 가는 조선을 구원하였다 하여 재조(再造)의 은혜, 곧 나라를 다시 만들어준 은혜를 잊지 말아야 한다는 주장이 팽배했다. 조선을 지키기 위해 지원군을 보낸 것이 아닌 자국의 안정을 위해서 보냈다는 사실은 중요하지 않았다. 맹목적인 사대 모화사상이 조선을 휩쓴 이데올로기로 작용한 것이다.

그동안 우리 역사는 이 전쟁을 임진왜란(壬辰倭亂)이라 했다. "임진년에 일어난 왜군의 난리"라는 뜻이다. 일본에서는 전쟁이 진행되는 시기의 일본 연호인 문록(文禄)과 경장(慶長)의 앞 글자를 따오고 전쟁의 뜻을 담은 역(役)을 붙여 사용하였다. 중국에서는 임진동정(壬辰東征) 또는 만력의 역이라 명명하였다.

임진왜란은 동아시아 3국이 수십만 명의 군대를 동원하여 7년간이나 싸운 16세기 최대의 전쟁이었다. '왜란'이라 부르게 되면 그 실체를 제대로 파악할 수 없다. 일본은 엄연한 실체적 국가이므로 왜구로 불러서도 안 된다. 실체를 외면한 역사 용어, 지금 당장 바로 잡아야 한다.

병자호란, 주전파에게 백성들은 버리는 패였나

정태종

17세기 초의 동아시아 정세는 요동쳤다. 만주에서는 만주족이 후금을 건국하고 대륙의 명나라를 압박했다. 도요토미 가문을 전멸시킨 도쿠가와는 국내 안정을 위해 조선과의 교역 재개에 사활을 걸었다. 조선의 15대 군왕 광해는 발군의 외교력으로 전쟁의 상처를 극복해 나갔다. 문제는 광해군을 제외하고 어느 누구도 외교에 신경을 쓰지 않았다는 것이다. 이 무렵 조선의 지배층은 명나라에 대해 재조자소(再造字小: 다시 나라를 만들어주고 작은 것을 사랑해준 은혜)의 의식이 팽배했다.

1636년 12월, 국호를 후금에서 청으로 바꾼 홍타지(청 태종)는 전면적 침략을 단행했다. 12만 명의 팔기군은 질풍처럼 달려와 6일 만에 한양을 점령했다. 인조는 남한산성에 갇혀 꼼짝도 못했다. 산성에 고립된 조선의 왕과 지배층들은 항전하여 죽느냐, 항복하여 사느냐의 기로에 놓여 있었다. 김상헌은 최명길이 작성한 항복문서를 찢으면서 유교적 대의명분을 살리려 했고, 최명길은 일단 항복을 하고 후일을 도모하자고 주장했다. 명분과 실리를 두고 맞섰던 주전파와 주화파의 논쟁은 45일간 이어졌다.

인조는 삼전도로 나가 청 태종 앞에서 삼배구고두의 예를 올렸다. 조선이 항복한 후 8년 후에 명나라는 멸망했다. 대륙의 주인이 바뀐 17세기 중반이후부터 조선은 극단적인 보수이념으로 회귀하기 시작했다. 청나라에 증오감을 드러내며, 존화(尊華)의식에 사로잡혀 멸망한 명나라의 연호를 쓰기도 했다.

병자호란시의 주화파들은 불구대천의 오랑캐와 타협했다하여 매도당했다. 주화파는 대의명분을 저버린 소인들의 무리로 몰아갔다. 주화파들은 정치적으로나 학문적으로 탄압을 받았다. 성리학의 불통적인 교조성은 결국 정치적 수단으로 이용되었다.

이용후생(利用厚生)을 배워야 한다는 박지원과 박제가의 주장은 외면당했다. 이들은 중국이 천하의 중심이 아니라는 것, 오랑캐도 문화적으로 수준이 높게 되면 중화가 될 수 있다고 주장했던 18세기 후반에도 지배층의 불통은 공고했다. 민심을 외면한 정치는 끝모르게 후퇴하더니 세도정치로 이어졌다. 척화를 주장한 노론들은 조선이 망한 후에 조선총독부에서 포상한 76명 중에서 소속당파를 알 수 있는 64명 중에 56명을 차지한다.

만약에 그들 중의 일부가 유전되어 남북긴장 국면을 조성하는 인물군속에 있다면 공포스럽다. '노인이 전쟁을 결정하고 젊은이가 전쟁터에서 죽는 것'은 역사 이래 계속된 진실이다. 국가를 지키기 위한 명분을 내세워 전쟁을 일으킨 권력자들 중에 전쟁터에서 싸우다 죽은 사람은 거의 없다.

권력을 지키기 위해 명분에 집착했던, 나라는 망했는데 훈장을 받고 기뻐한 서인과 노론의 망령이 이 땅에 남았을리는 없을텐데 뭔가 찜찜하다.

백성을 위한 나라는 없었다

을사늑약이 체결되고 군대가 해산된 1905년부터 1909년 사이의 의병투쟁은 가열 찼다. 전국 각지에서 다양한 계층의 의병들이 봉기했지만 애국 계몽주의자들인 지식인들은 다수가 외면했다. 이들은 '지금은 헛되이 목숨을 버리고 나라를 혼란스럽게 만들 때가 아니라 본업을 지키면서 실력을 길러 후일을 기약하라'며 의병들을 질책했다.

전 재산을 팔아 만주로 이주하여 삼원보에서 신흥무관학교를 새운 이회영 형제와 이상룡처럼 무장 투쟁론을 강조한 지식인은 소수였다. 의병들을 흉도라며 비난했던 계몽 지식인들의 대다수는 일본의 식민지배를 인정하고 굴복했다. 그들은 실력 양성운동을 외쳐댔다. 언제까지 실력을 키울 것인지는 말하지 않았다.

1909년 10월 26일 하얼빈에서 안중근은 이토 히로부미를 사살했다. 안중근의 행위는 국격을 떨어뜨리는 만행이라고 맹렬히 비방했던 대한제국의 지식인들은 진사(陳謝) 사절단을 일본에 파견하며 사죄했다. 3일 동안 음주가무는 금지되고 대한제국은 비통함에 빠져들었다.

그로부터 23년이 지난 1932년 10월 26일 남산기슭 장충단에 이토 히로부미를 추모하기 위한 사찰 박문사를 지었다. 사찰이 지어진 언덕은 춘무산이라 불렸다. 박문사라는 이름은 이토의 이름 이

1910년 3월26일 안중근 의사가 순국하기 직전 중국 뤼순 감옥에서 마지막 유언하는 모습

등박문(伊藤博文)에서 따왔고, 춘무는 이토의 호였다. 장충단은 본래 을미사변 때 피살된 시위연대장 홍계훈과 궁내부대신 이경직 등을 기리기 위해 대한제국 고종이 쌓은 제단이었다. 대한제국의 국립묘지를 허물고 그 자리에 이토의 사당을 지은 것이다. 박문사의 낙성식에는 이광수, 최린, 윤덕영 등이 참석했다. 그들은 애국계몽주의자이며 지식인들 이었다.

　일제강점기의 역사 자료는 지식인들이 남겨놓은 것이다. 자료의 객관성을 이유로 그들이 남긴 자료만 가지고 역사를 본다면 민중은 어리석은 존재라고 인식할 수 있다. 망국의 조선을 구하기 위해 목숨을 건 의병들, 식민지 조선의 독립을 위해 만세를 외친 사람들은 지식이 아닌 용기가 있었기에 일어선 것이다. 용기가 없었던 지식인들의 지식은 식민지 백성을 착취하는 이론을 제공했을 뿐이었다.

효종의 북벌과 송시열의 북벌은 다르다

1637년 삼전도에서 조선은 청에게 머리를 조아렸다. 조선이 그토록 사모하던 나라 명나라는 농민군인 이자성에게 멸망했다. 명의 숭정제는 자금성이 함락되자 스스로 목숨을 끊었다. 오랑캐라고 생각한 청은 17세기 중반이후 동아시아의 최강국가로 중원을 장악했다.

'청이 재편한 동아시아의 국제질서에 편입된 조선은 북벌을 준비한다. 그 중심에 효종(재위 1649~1659)과 송시열의 서인이 있다.'고 한국사는 말한다. 10년 재위 기간은 북벌을 위한 절치부심의 준비 기간이라고 가르치는 역사교육의 현실은 두 차례의 나선정벌(1654년, 1658년)과 병렬로 마주 서 있다. 극적인 타협은 북벌을 위해 준비한 조총수들에게 실전 감각을 쌓기 위한 선택이었다는 것이다.

효종의 북벌정책이 사실이라는 근거는 송시열과의 단독회담(기해독대)이다. 이 회담의 요즘 버전은 대통령과 여당 대표의 회담이다. 1659년 4월, 효종은 풀리지 않는 정치현안을 해결하기 위해 서인의 영수였던 이조판서 송시열을 사관도 없이 만났다. 당시 효종이 추진하는 중앙군 확충 정책에 반대하는 서인을 설득하기 위한 효종의 승부수였다. 중앙군을 확충하자면 세금을 더 거두어야 했고 그러자면 집권층인 서인들이 돈을 더 많이 내줘야 했기 때문이다.

사관이 기록하지 못한 두 사람의 회담 내용은 송시열의 글을 모은 〈송서습유〉 '악대설화'에 실려 있다.

효종은 자신이 군비를 증강하는 목적은 실은 북벌을 추진하기 위해서였다며 "10년만 준비하면 청나라를 꺾을 수 있으니 협조해 달라."고 부탁했다. 효종이 북벌론을 입에 담는 순간이었다.

그러자 송시열은 "전하의 뜻이 이와 같으시니, 우리나라뿐만 아니라 실로 천하 만대의 다행"이라면서도 "만에 하나 차질이 있어 국가가 망하게 된다면 어찌하시렵니까?"라고 한발 물러섰다.

반대 입장을 분명히 한 송시열을 효종은 집요하게 설득한다. "하늘이 내게 10년의 기간을 허용해 준다면 한번 거사해볼 계획이니, 경은 은밀히 동지들과 의논해보도록 하시오." 송시열의 반응은 마찬가지였다. "신은 결코 그만한 능력이 없습니다. 그런 생각을 하셨다면 전하께서 신을 너무 모르시는 겁니다."

요즘 말로 하면, 대통령이 "전시작전권을 빨리 돌려받읍시다."라고 하자 여당 대표가 "아직은 때가 아닙니다."라고 답하는 식이었다. 송시열은 북벌이 현실적으로 불가능하고, 효종의 군비강화는 왕권강화를 위한 방편에 불과하다고 판단한 것이다.

독대 이후 3개월도 안되어 효종은 갑자기 승하한다. 그러므로 효종과 송시열의 독대를 근거로 북벌을 운운하는 것은 근거가 매우

취약하다. 북벌론은 효종이 살아 있을 때는 물론 죽은 뒤에도 15년 동안 공개적으로 표출된 적이 없었다. 회담 내용이 세상에 공개된 것은 현종 15년(1674)이었다. 2차 예송논쟁으로 정치적 위기에 몰린 송시열의 승부수가 통한 것이다.

효종의 재위기간에 청나라는 최고의 황제 순치제와 강희제가 있었다. 초강대국 청나라를 공격하겠다며 공식적으로 북벌을 추진할 상황이 아니었다. 다만 효종은 송시열과의 독대를 통해 북벌을 입에 담은 적이 있었다. 그 독대의 스토리를 작성한 작가는 송시열이다.

미국과 맞장 뜬 용감한 조선

　1871년 6월, 미국의 아시아 함대 사령관 로저스가 5척의 군함을 이끌고 강화해협에 나타났다. 손돌목 인근을 오가며 해안을 측량하는 미군에게 경고포격이 가해졌다. 기다렸다는 듯이 초지진을 점령하고 파죽지세로 북상한 1230명의 미군은 광성보에서 어재연을 비롯한 500여명의 조선군과 충돌했다.

　전투의 결과는 참담했다. 신식무기로 무장하고 남북전쟁을 통해 전투력을 키운 미군에게 조선군은 상대가 되지 못했다. 미군이 남긴 기록에는 조선군 사살 243명, 익사 100여명, 포로 20여명 이었지만 〈고종실록〉에는 53명이 전사했다고 적혀있다. 이처럼 사상자의 규모가 커진 이유는 조선군의 격렬한 저항 때문이었다. 탄환이 떨어진 병사들이 돌과 흙을 뿌리며 끝까지 싸웠다.

　미군 윌리엄 그리피스가 남긴 기록이다. '흰옷을 입은 243명의 시체가 성채 안과 주변에 누워 있었다. 그들 중 다수는 이제는 다 밖으로 튀어나온 흩어진 솜 갑옷을, 아홉 겹으로 솜을 두른 갑옷을 입고 있었다. 살이 타는 역겨운 냄새가 공기 중에 진동했다. … 어떤 부상자들은 자신의 고통보다 미국인 체포자들을 더 끔찍이 두려워하며 서서히 불에 타 죽어 갔다.'

　광성보를 점령한 미군에게 풍토병이 발생했다. 식량은 물론 식수마저 부족한 가운데 부상자 2명이 사망하자 미군은 전의(戰意)를

인천 강화 광성보에 있는 용두돈대에서의 필자

상실했다. 미군은 한양으로의 진격을 포기했다. 보급이 원활하지
못한 상황에서 예상치 못한 조선군의 저항에 너무 많은 탄약을 써
버린 것이다.

애초에 미국의 목표는 군사적 점령이 아닌, 제너럴셔먼호 사건에
대한 책임을 명분으로 개항을 요구하기 위한 무력시위였다. 희생을
감수하면서까지 조선을 개항시킬 필요가 없다고 판단한 미군은 강
화도에서 철수했다. 이 전투에 대한 미국 신문의 헤드라인은 이렇

게 씌여졌다. 'Our little war with the heathen(이교도와의 작은 전쟁)으로 48시간 만에 끝났다.

1854년 군함을 보내 함포사격만으로 에도막부를 쫄게 한 검은 배, 미국의 이양선은 아무런 성과도 얻지 못하고 떠났다. 로저스는 막대한 돈을 쓰고도 조선을 개항시키지 못했다고 질책을 받았고, 흥선대원군은 척화비를 세워 승리한 전투라고 광고했다.

신미양요를 승리한 전투라고 말하기엔 쑥스럽다. 인천부사 구완식이 화성유수 신석희에게 답한 글은 당시의 상황을 생생하게 전하고 있다. (초지진이 함락된) 그 다음날 신시 이후에 저놈들은 광성진으로 방향을 돌리고, 선상에서 포를 난사하니 군심에 어둠이 드려졌습니다. 육지에 내려 배를 대고, 내린 후에 관군의 위아래를 포위하고 서로 도울 수 없게 하니, 중군과 적이 세 차례 혼전을 벌였는데, 끝내 순절한 사망자가 백 여 명에 이르렀습니다. 저놈들은 시신을 모아 태우고 훼손하여 시체를 분별할 수 없었다고 전합니다.

조선이 미국과 싸운 최초이자 최후의 전투였던 신미양요. 수 백여명의 조선군이 전사한 싸움을 단순하게 서양세력의 소요 사태(洋擾)로 축소하지 말자.

현모양처라 불리는 사임당 신씨,
그녀를 독립된 여성으로 다시 해석하라

사임당 : "제가 죽은후에 당신은 재혼(再婚)하지 마시오. 우리가 7남매를 두었으니 더 구할 것이 없지 않습니까. 그러니 〈예기〉의 교훈을 어기지 마시오."

이원수 : "공자가 아내를 내보낸 것은 무슨 예법이오?"

사임당 : "공자가 노나라 소공 때에 난리를 만나 제나라 이계라는 곳으로 피난을 갔는데 부인이 따라가지 않고 바로 송나라로 갔기 때문입니다. 그러나 공자가 부인과 동거하지 않았다 뿐이지 내쫓았다는 기록도 없습니다."

이원수 : "증자가 부인을 내쫓은 것은 무슨 까닭이오?"

사임당 : "증자의 부친이 찐 배를 좋아했는데, 부인이 배를 잘못 쪄서 부모에 대한 도리를 다하지 못했기에 어쩔 수 없이 내보낸 것입니다. 그 후로 증자는 새장가를 들지는 않았습니다. 주자 나이 47살에 부인 유씨가 죽고, 맏아들 숙은 장가들지 않아 살림을 할 사람이 없었는데도 말입니다."

남편인 이원수에게 자신이 죽은 후에 재혼하지 말라고 당부하는 사임당은 공자와 주자의 고사를 인용하며 논리적으로 대응한다. 남편의 말에 순응하는 '양처'의 모습과는 사뭇 다르다.

4살에 공부를 시작하였고, 7살에 그림을 그렸던 사임당의 재능

은 학문과 예술 분야만이 아닌 정치적인 감각에서도 탁월했다. 이원수가 벼슬자리를 얻기 위해 당대의 권세가인 우의정 '이기'에게 부탁하려는 것을 반대했다. 1545년 '이기'는 을사사화로 몰락했으니 사임당의 판단은 정확했던 것이다.

술을 좋아한 이원수는 주막집 여주인 '권씨'를 첩으로 삼았다가 사임당 사후에는 집으로 데려와 살았다. 장남인 '이선'과 비슷한 나이였던 권씨로 인해 집안은 조용할 날이 없었다. 사임당의 3년 상이 끝나자마자 집을 가출(?)해 금강산으로 들어간 3남 '이이'의 방황은 아버지 이원수의 행동 때문이었을 것이다.

"이것은 고 증찬성 이공 부인 신씨의 작품이다. 그 손가락 밑에서 표현된 것으로도 혼연히 자연을 이루어 사람의 힘을 빌려서 된 것은 아닌 것 같은데, 하물며 오행의 정수를 얻고 또 천지의 기운을 모아 참 조화를 이룸에는 어떠하겠는가? 과연 율곡 선생을 낳으심이 당연하다."는 〈사임당화란발〉의 발문을 쓴 송시열의 의도는 분명해 보인다.

'남편에게 순종하고 자식에게 어진 어머니'로 제한되어야만 했다. 아홉 번을 장원 급제시킨 율곡 이이의 모친으로, 성리학에 대한 식견조차 부족했던 이원수의 부인으로, '현모양처'의 상징으로 박제화 된 사임당은 진정한 의미의 사임당이 아니다.

매천 황현, 그는 애국적 보수주의자였지
고루한 양반은 아니었다

"나는 죽어야 할 의리는 없다. 다만 국가에서 500년이나 선비를 길러왔는데, 나라가 망할 때에 국난을 당하여 죽는 사람이 하나도 없다는 것이 어찌 원통치 않은가?" 내가 위로는 하늘로부터 타고난 양심을 저버리지 않고, 아래로는 평소에 읽은 글을 저버리지 않고 영원히 잠든다면 참으로 통쾌할 것이니, 너희들은 너무 슬퍼하지 말거라."

1910년 8월 29일, 5백년 왕조의 역사는 허망하게 몰락했다. 황현은 '절명시' 4수를 남기고 음독 자결한다. 그는 9월 8일 '절명시'와 유서를 쓰기 시작하였고, 9일 소주에 아편을 타서 마시고 다음날인 10일 사망했다. 이때 황현의 나이 56세였다.

황현은 평생 벼슬하지 않았지만, 젊은 시절 과거에 응시하기도 했다. 그는 28세 때 보거과(保擧科)에 응시했다. 보거과는 뛰어난 인재를 추천받아 시험을 치르는 별시다. 그는 초시에서 1등으로 뽑혔지만, 시험관은 그가 시골 출신이라는 이유로 2등으로 정했다. 민씨 세력의 부패를 절감한 그는 그 뒤의 시험을 포기하고 고향으로 내려왔다. 3년 뒤 황현은 가족과 함께 구례로 이주했다. 2년 뒤 황현은 아버지의 강권으로 다시 상경해 생원시에 응시했고 장원으로 합격했다.

33세의 생원 황현은 갑신정변 이후 나타난 정치적 부패와 혼란에 실망하고 1890년에 다시 구례로 돌아왔다. 그는 그곳에 구안실(苟安室)이라는 작은 초가집을 짓고 학문 활동과 후진 양성에 전념했다. '구안'은 "넉넉하지는 않지만 편안하다"는 의미다. 매천이라는 자호도 이때 나왔다. 그는 거처의 우물가에 매화를 심고 자호를 지었다.

지리산에 은거했던 황현이지만 세상을 향해서는 늘 열려 있었다. 사료로서의 가치를 인정받고 있는 〈매천야록〉은 흥선대원군 이하응이 권력을 잡을 때인 1864년부터 시작하여 대한제국이 망할 때(1910년)까지의 역사를 편년체로 기록했다. 강직한 선비였던 그는 〈매천야록〉에서 이 시기를 식민지로 가는 과정이었다고 지적하고, 책의 맨 앞에서 당쟁의 폐해를 논하고 사대부의 타락한 모습을 통렬하게 비판한다.

황현은 자신의 직접적인 견문과 여러 사람들과의 교류를 통해 들은 자료를 바탕으로 이 책을 썼다. 주요 내용으로는 고종과 명성황후, 흥선대원군을 비롯한 주요 정치 세력의 동향과 문제점, 일본을 중심으로 한 외세의 침탈, 민족의 저항 등을 다루고 있다. 그는 대원군은 공로와 잘못이 절반씩이라고 평가했으며 고종과 명성황후에 대해서는 매우 비판적이었다.

그러나 그도 양반 유생으로서의 세계관은 어찌할 수 없었던 것일까? 갑오 농민 전쟁은 지배층의 부정부패로 인해 발생한 것임을 지적하면서도 농민군의 행동을 반역으로 보고 있다. 그럼에도 불구하고 〈매천야록〉은 붓끝의 엄정함, 풍부한 자료의 수집과 인용, 뛰어난 문장으로 고종시대의 역사책이 갖는 한계를 보완해주는 한국근대사의 귀중한 자료이다.

광해군의 외교 감각,
민족적 자존과 국가의 이익을 위한 탁월한 리더쉽

1619년 3월2일, 도원수 강홍립은 1만 4000여명의 조선군을 이끌고 만주의 심하에 도착했다. 군량 보급로도 확보하지 못할 만큼의 강행군을 요구하던 명군은 자체 식량도 없었던 지 주변 부락을 약탈하다가 후금군 3만 명에게 무너졌다.

철기(鐵騎)라 불리던 만주족의 기마대는 허겁지겁 달려 온 조선군을 몰아쳤다. 좌우를 유린하는 기마대에게 화포는 더뎠고, 총은 느렸다. 굶주림으로 지친 조선군은 필사적으로 저항했지만 애초부터 후금군의 상대가 될 수 없었다.

"상황 판단을 정확히 하고, 패하지 않는 싸움이 되도록 최선을 다하라"는 광해군의 특명대로 강홍립은 움직였다. 광해군이 강홍립에게 항복을 지시했는지의 여부는 구체적인 물증이 없지만 통역관 출신이었던 강홍립을 총사령관으로 삼은 이유는 분명해 보인다. 현장에서의 상황 판단을 위한 능력을 고려하여 언어가 통하는 인물이었기 때문이리라.

세상의 중심이었던 명의 기운이 쇠하고 변방의 오랑캐라고 여겼던 만주족의 누르하치가 팽창을 시작한 17세기 초반의 동아시아는 격변기였다. 그 변화를 가장 명확하게 파악한 조선의 군주 광해군은 외로웠다. 하지만 그는 현실을 외면하거나 방관하지 않았다. 그는 민첩했고 영민하게 움직였다.

　1618년 윤 4월, 명나라의 파병 요청에 찬성하는 비변사 대신들의 상소문이 빗발쳤다. 그들의 주장은 한결 같았다. "명은 우리에게 부모의 나라이며, 재조지은(再造之恩)을 베풀었습니다. 지금 부모의 나라가 오랑캐에게 수모를 당하고 있는데, 자식 된 도리를 다해야 합니다. 훗날에 우리에게 위기가 닥친 다면 어떤 명목으로 명에게 도움을 요청하겠습니까?"

　광해군이 보여준 뛰어난 외교적 수완은 임진왜란 당시 전쟁의 현장을 누비면서 체험한 감각이 있었기에 가능했다. 그는 국가 간의 외교관계를 바라보는 시각에서도 탁월했다. "두 나라 사이에 전쟁이 벌어지더라도 외교관들은 교류해야 한다"는 입장이었다. '핫라인'이 유지되어야만 최악의 상황을 막을 수 있다는 생각이었다. 누르하치의 후금과 명나라를 알기위해 모든 수단을 동원하여 정보를 파악하던 광해군은, 정보의 우의를 이용하여 명과 후금을 이해시키는 데 활용했다.

　외교적 노력이 실패로 돌아갈 경우를 대비해 화포와 전차를 제작하고, 강화도를 정비하여 피난처이자 요새로 만들었다. 정묘호란 시에 강화도로 대피한 인조와 서인정권이 후금과의 협상 시간을 확보할 수 있었던 것은 광해군의 선견지명이었다.

누르하치

대국이었던 명의 일방적인 요구에 조목조목 따지면서 끝까지 거부하려던 광해군의 외교정책은 오늘 우리에게 시사하는 바가 크다. 대륙과 해양 세력이 만나는 지정학적 특성으로 이해관계가 첨예하게 걸린 우리에게 외교는 가장 중요한 '정치 행위'이기 때문이다.

17세기의 명·청 교체기 보다 훨씬 복잡한 열강의 카드들을 꿰뚫어 볼 수 있는 혜안(慧眼)이 요구된다. 민족의 자존과 국가의 이익을 확보하기 위해서는 평화가 전쟁보다 우선임은 분명하다.

타락한 권력을 비판하고
벼슬을 거부한 조식

조선의 선비는 칼을 차지 않았다. 선비에게 칼은 어울리지 않는 것으로 여겼다. 경상감사 이양원이 부임 인사를 하며 "무겁지 않으십니까?" 라고 묻자 "뭐가 무겁겠소. 그대의 허리춤에 있는 금대가 더 무거울 것 같은데…"라고 답했던 조식은 칼을 찬 선비였다.

"전하의 국사(國事)가 이미 잘못되고, 나라의 근본이 이미 망하여 천의(天意)가 이미 떠나갔고, 인심도 이미 떠났습니다.… 소관(小官)은 아래에서 시시덕거리면서 주색이나 즐기고, 대관(大官)은 위에서 어물거리면서 오직 재물만 불립니다. 백성들의 고통은 아랑곳하지 않으며…"

1555년 단성현감을 제수 받은 조식은 단호했다. 명종의 집권 10년에 대한 전면적인 부정일 정도로 혹평의 사직 상소를 썼다. "신은 이 때문에 깊이 생각하고 길게 탄식하며 낮에 하늘을 우러러본 것이 한두 번이 아니며, 한탄하고 아픈 마음을 억누르며 밤에 멍하니 천장을 쳐다본 지가 오래되었습니다."

"자전(慈殿:문정왕후)께서는 생각이 깊으시지만 깊숙한 궁중의 한 과부에 지나지 않으시고, 전하께서는 어리시어 단지 선왕의 외로운 후사에 지나지 않습니다."

을사사화와 양재역 벽서 사건을 조작한 윤원형과 문정왕후가 시퍼렇게 살아있었다. 조선을 공포 분위기로 만들어 선비들을 살육하던 시기에 금기의 영역을 건드린 '단성현감 사직상소'는 칼을 찬 은거 처사(處士)조식을 조선 최고의 선비로 만들었다.

1572년 2월, 남명 조식은 72세의 나이로 세상을 떠났다. 임종 직전에 제자인 김우옹이 스승의 사후 칭호를 무엇이라 할 것인지 묻자, 조식은 "처사로 쓰는 것이 옳다."라고 답했다. 그가 지향했던 삶이 무엇이었는가를 보여준다. 임진왜란 당시 의병을 일으킨 홍의장군 곽재우와 정인홍, 김면 등 인물이 많이 나왔던 것도 칼을 찬 선비 조식의 정신을 물려받았기 때문일 것이다.

자신을 먼저 다스리고 사람을 다스리는 것을 기본으로 삼았다. 경(敬)으로 마음을 곧게 하고 의(義)로 밖의 일을 처리했다. 이러한 신념에 따라 그는 철저한 자기 절제로 일관하였고, 불의와 타협하지 않았다.

조식이 64세 때인 1564년에 퇴계 이황에게 보낸 편지가 오늘의 현실과 닮았다. "요즘 공부하는 자들을 보건대, 손으로 물 뿌리고 빗질하는 법도 모르면서 입으로는 천리를 담론하여 헛된 이름을 훔쳐서 남들을 속이려 하고 있습니다. 그러나 도리어 남에게서 사기나 당하고 그 피해가 다른 사람에게까지 미칩니다."

사람은 죽어서 이름을 남긴다고 했지만 지금은 이름 대신, 재산을 남긴다. 재산을 모으기 위해서는 도의도, 염치도 내팽개쳤다. '막장 캐릭터'들이 너무 많아 웬만한 '막장 드라마'는 축에도 낄 수 없다. 제게 이익이 되는 것이라면 무엇이든 하는, 그들은 양아치다.

백성이 가장 귀하고 임금은 가장 가볍다

'사단(四端)이란 사물의 이(理)에 해당하는 마음의 본연지성(本然之性)에서 발현되는 것이고, 칠정(七情)이란 사물의 기(氣)에 해당하는 마음의 기질지성(氣質之性)에서 발현되는 것이다.' 당대 사림 선비들의 표상이었던 퇴계 이황이 성리학에 대하여 정리한 말 중의 하나다.

1559년, 58세의 성균관 대사성(현재의 서울대 총장) 이황에게 32세의 신출내기 과거 급제자였던 고봉 기대승은 이의를 제기했다. 역사에 등장하는 '사단칠정' 논쟁의 시작이다. 받아주지 않아도 될, 받아주지 않으면 논쟁이 성립될 수 없었던 두 사람은 편지를 통한 논쟁을 8년간 지속했다. 격렬하면서도 심오했던 논쟁에서 퇴계는 나이와 권력을 앞세워 고봉을 압박하지 않았다. 26년의 나이차는 이들에게 문제가 되지 않았다. 어느 누구도 기대승이 윗사람에게 대드는 '건방진 젊은 녀석'이라고도 생각하지 않았다.

'임금이라면 임금에 걸맞은 행동을 해야 하며, 부모라면 부모에 걸맞은 행동을 해야 한다. 연장자 역시 연장자에 합당한 행동을 해야만 연장자이다.' 단순히 나이가 많다고 연장자가 되는 것은 아니라는 유학의 정명(正名)을 실천한 논쟁이었다. 즉 정명이란 이름에 걸맞은 자세가 필요하다는 것이다.

퇴계와 고봉의 '사단칠정' 논쟁에서 논쟁보다 정명을 배워야 한다.

논쟁의 당사자인 이황과 기대승 두 사람은 비록, 치열하게 자신의 주장을 개진해 나갈지언정 항시 예의를 잊지 아니하고 자신의 오류를 인정하는데 주저하지 않아 후학들에게 순수한 학자적 양심과 철저한 학구적 태도의 모범을 보인 것으로 평가되고 있다. 서로를 존중했던 8년간의 논쟁은 결국 이황의 내용 수정으로 마무리 됐다.

기대승이 한양을 떠나던 날, 한 선비가 물었다. "사대부로서 사회에 몸을 세우고 처신함에 반드시 명심하고 지켜야 할 것이 있다면 무엇입니까?" 기대승이 짧게 답했다. 기(幾), 세(勢), 사(死) 세 글자면 충분하다. '나아가고 물러남에 있어서는 먼저 기미를 살펴 의리에 어긋나지 않게 해야하고, 나아가 시세를 알아서 구차하게 되는 걱정을 없게 하며, 마침내 목숨을 걸고 도를 지켜야 한다.'는 의미다.

"백성이 가장 귀하고, 사직이 그 다음이며, 임금은 가장 가볍다."는 맹자의 주장이나, "아랫사람에게 배우는 것을 부끄러워하지 말라."는 공자의 가르침은 민본주의적인 성격을 보여주는 것이다.

조선후기에 변질된 유학은 권력자들의 지배 구조 강화를 위한, 지배층의 입맛에 맞게 수정된다. 지배층의 집권 도구로 전락한 유학에서 정명(正名)은 사라졌다. 극단적인 '장유유서'만이 남은 자리에 '상명하복'이 '예의범절'로 굳혀졌을 뿐이다.

변질된 유학은 시대의 흐름을 수용하지 못했고, 5백년 사직을 이어 온 유학은 일제의 총칼 앞에 속절없이 허약했다. 군국주의와 결합한 '상명하복'은 일본 제국주의의 '국가총동원령' 공표와 더불어 주입과 암기의 교육을 강화했다. '안 되면 되게 하라'는 군국주의 망령을 일제가 남겨놓은 유산이라면 지나칠까?

아, 지금이 어느 때인가. 문민정부 출범 4반세기의 이 땅에 정명(正名)은 요원하고 '상명하복'은 여전해 보여서 하는 말이다.

조선을 가장 먼저 배신한 나라를
우리는 기억해야 한다

중국 중심의 질서가 무너진 가운데 대륙진출의 꿈을 키운 일본의 움직임은 비수처럼 움직였다. 얼지 않는 항구를 찾아 나선 러시아, 이를 저지하려는 영국, 만주로 진출하여 경제적인 이익을 실현하려는 미국의 외교전은 두 번의 엄청난 전쟁을 가져왔다.

1895년 청일전쟁에서 승리한 일본을 견제하기 위해 러프독의 삼국 간섭까지 발생했지만 한반도에서 최후의 승자는 일본이었다. 일본이 승리한 이유는 절박함 때문이다. 일본은 러시아의 만주와 한반도 진출이 동양 평화를 위협할 수 있다는 논리로 미국과 영국을 설득시켰다. 이를 막기 위해서는 일본이 대한제국을 보호국으로 만들어야 한다고 주장한 것이다.

청나라에서 발생한 의화단 운동 진압에 서구 열강이 몰두한 틈을 이용하여 1901년 8월 러시아는 만주로 진출했다. 1903년 러시아가 만주를 봉쇄하자 영국과 미국은 일본의 논리를 인정하고 군사동맹을 맺는다. 한반도를 둘러 싼 정세는 갈수록 일본에게 유리해져 간 이유가 있었다.

1901년 8월에 미국의 루스벨트 부통령이 독일인 친구에게 보낸 편지에는 "일본이 한국을 차지하는 것을 보고 싶다. 일본은 러시아를 저지하는 세력이 될 것이며, 지금까지 일본이 해온 일로 미루어

보아 그들에게는 한국을 차지할 자격이 있다"라고 적혀있다. 그런 루스벨트가 1901년 9월에 미국의 대통령이 된 것이다. 미국은 1905년 7월 29일 일본과 가쓰라·태프트 밀약을 맺는다. 러일전쟁 끝난 후인 1905년 9월, 포츠머스에서 러시아와 일본을 불러 거중조정의 역할을 미국은 자처했다. '한국에 있어서의 일본의 우월권을 승인한다'는 내용의 비망록에는 '일본이 한국 정부의 승인 하에 정치적으로 간섭할 수 있다'고 기록했다. 조약문에는 정치적·군사적 간섭 내용은 표현하지 않았지만 비망록의 약속으로 일본은 어떤 수단을 써서라도 한국 정부의 승인만 얻어내면 한국을 점령할 수 있다는 가능성을 확보한 것이다.

이런 상황에서도 고종과 친미주의자들은 미국에 일방적인 구애를 계속했다. 1882년에 미국과 맺은 조미 수호 통상 조약 제1조에 "제3국으로부터 공평하지 못한 일이 있을 경우에 반드시 서로 돕는다"는 중재 역할을 그대로 믿고 있었던 것이다.

고종은 당시 미국 공사였던 알렌을 통해 끊임없이 도움을 요청했지만, 그는 1895년 운산광산 채굴권, 경인철도 부설권을 미국인 모스에게 알선해서 넘겨준 투기꾼에 불과했다. 고종은 알렌에게 1904년 훈일등(勳一等)과 태극대수장을 수여했다. 알렌은 1905년 을사조약이 체결되자마자 곧바로 미국으로 떠나버렸다.

루스벨트가 일본을 지지한 이유는 분명했다. 그가 1904년 4월 주

고종 ／ 루스벨트

미 독일 대사에게 "한국 내에서 미국의 경제적 이익만 보장된다면 일본이 한국을 차지하더라도 상관없다"라고 말했다. 백여 년 전에 한반도를 둘러 싼 국제 관계의 변화는 국가의 이익을 위해서는 '영원한 적도, 영원한 우방도 없다'는 사실을 명확하게 보여 준다.

역사 바로 쓰자고 떠들기 전에 아는 역사에서 깨달아야 할 것이다.

무녀가 권력을 잡고 국정에 개입했다

1882년, 분노한 군인들은 경복궁 담장을 넘었다. 13개월의 급료를 떼돌린 중전 민씨를 죽이겠다는 군인들의 분노는 걷잡을 수 없었다. 장호원으로 탈출한 중전 민씨는 절망했다. 권력을 빼앗긴 그녀에게 희망은 없어 보였다.

그런 민씨에게 무녀(巫女)가 찾아왔다. 무녀는 꿈에 신령님이 나타나 중전이 장호원에 있다고 알려 주었다는 것이다. 민씨는 무녀에게 "지금 궁궐로 돌아갈 수 있겠느냐"고 물었다. 무녀는 "지금은 때가 아니지만 얼마 후에 돌아갈 것입니다"라고 말했다.

약속한 환궁일은 정확했고, 중전 민씨는 청나라를 이용하여 권력을 회복했다. 무녀는 이후로도 민씨의 아픈 곳을 어루만져서 증세가 호전되도록 곁에서 보필했다. 중전 민씨는 무녀에게 진령군(眞靈君)이란 봉작을 내렸다. 진령군은 아무 때나 고종과 중전 민씨를 만날 수 있었으며, 만날 때 마다 엄청난 재물까지 받았다. 진령군이 된 무녀는 관우 복장을 하고 다니면서 자신을 신비화했고, 국정 전반에 두루 조언했다. 그녀의 요구에 따라 재상들이 임명되고 파직되기도 했다.

무녀 진령군의 아들 김창열은 붉은 옷에 옥관자를 단 당상관의 복장을 하고 다녔다. 무녀의 아들로 천민인 김창열은 조정의 숨은 실세로 활약했고, 고위 관리들은 진령군과 남매를 맺고, 의자(義子)

를 자처했다.

중전 민씨에게 근심이 있었으니 허약한 세자(순종)였다. 진령군이 세자의 병을 고친다고 굿판을 벌여 금강산 1만 2000봉에 쌀 한 섬과 돈 천 냥, 무명 한필씩을 얹은 것도 이때 일이다.

1893년에 전(前) 정언(正言)이었던 안효제가 상소를 올렸다. '요사스런 무녀 진령군을 죽일 것'을 주청하는 상소였다. 승정원의 승지들은 상소문을 놓고 망설였다. 민씨 세도가 민영주가 나서서 "이렇게 흉악한 상소를 어찌 가히 올릴 수 있느냐."며 화를 냈다. 이를 지켜본 박시순이 민영주에게 말했다. "이 상소는 전 언관이 올린 것인데 어찌 우리 뜻대로 할 수 있는 일이오."

옆에서 지켜보던 정인학이 도승지와 상의하여 결정하자고 제안했다. 도승지 김명규는 결정하지 못하고 또 다른 민씨 세도가 민영준과 상의했다.

민영준의 대답은 분명했다. "봉소(奉疏:상소를 받들어 올리는 것)를 하든지 말든지 결정권은 도승지에게 있는데 도승지조차 결정을 내리지 못하면 도도승지에게 물어보시오." 도도승지가 있을 리 만무했으니 민영준은 중전 민씨의 심기를 거스르지 말라는 것이다. 결국 도승지 김명규는 상소를 올리지 못했다.

전(前) 형조참의 지석영의 상소는 절규에 가까웠다. "신이 온 나라의 백성을 대신하여 말씀드리겠습니다. 요사스런 여자 진령군은 온 세상 사람들이 그의 살점을 먹고 싶어 하는 자입니다. ……죄를 따져 묻지 않으시어 마치 사랑하여 보호하듯 하셨으니, 백성의 원통함이 어떻게 풀릴 수 있겠습니까."

중전 민씨의 수호신을 자처하며 온갖 세도와 특혜를 누리던 무녀 진령군의 권세는 13년이 지나서야 끝났다. 1895년 을미사변으로 민씨가 죽은 후 그녀의 재산은 모두 몰수되고 북묘에서도 쫓겨나 삼청동 골짜기에 숨어 살다가 죽었다. 무녀가 봉군(封君)을 받고, 무녀의 입김으로 주요 대신들이 바뀌고, 나라의 세금은 무녀에게 전달되었으니 조선의 망국은 끝판을 향해 달려간 셈이다.

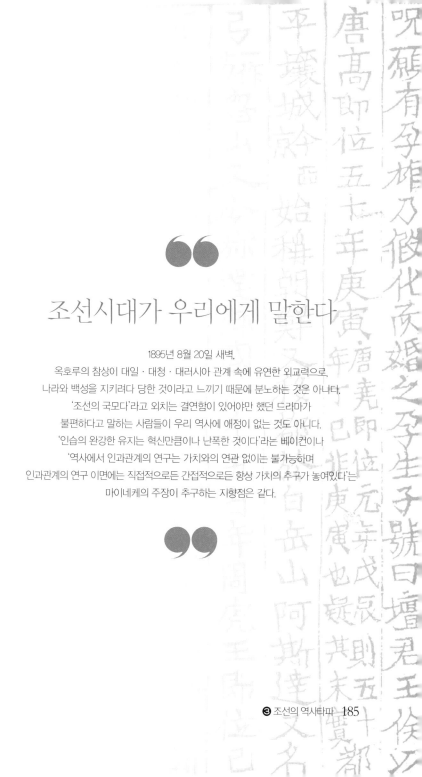

조선시대가 우리에게 말한다

1895년 8월 20일 새벽.
옥호루의 참상이 대일·대청·대러시아 관계 속에 유연한 외교력으로,
나라와 백성을 지키려다 당한 것이라고 느끼기 때문에 분노하는 것은 아니다.
'조선의 국모다'라고 외치는 결연함이 있어야만 했던 드라마가
불편하다고 말하는 사람들이 우리 역사에 애정이 없는 것도 아니다.
'인습의 완강한 유지는 혁신만큼이나 난폭한 것이다'라는 베이컨이나
'역사에서 인과관계의 연구는 가치와의 연관 없이는 불가능하며
인과관계의 연구 이면에는 직접적으로든 간접적으로든 항상 가치의 추구가 놓여있다'는
마이네케의 주장이 추구하는 지향점은 같다.

4

일제강점기의
역사타파

금광은 우리에게
노다지가 아닌 노 터치를 남겨줬다

한 군데서 이익이 많이 쏟아져 나오는 일이나 장소를 '노다지'라 한다. '노다지'의 어원은 '손대지 말라'인 '노 터치'(No Touch)에서 나왔다.

19세기말 금광을 찾아 캘리포니아를 훑어버린 미국인들은 흑선을 타고 태평양을 건넜다. 대포로 무장한 그들의 협박에 일본은 항복했다. 황금의 나라 '지팡그'라고 생각했던 일본에서 금맥을 찾지 못한 미국은 1866년에 제너럴 셔먼호를 조선에 보냈지만 실패했다. 무도한 나라를 개명시키겠다는 신미양요의 이면에는 조선에 매장된 풍부한 금광이 목표였다.

민씨 정권이 권력을 잡은 후에 청은 앞장서서 미국과의 수교를 주선했다. 조선은 1882년 미국과 수교했고 알렌은 미국 공사관의 의사로 입국했다. 그는 중전 민씨의 조카 민영익을 갑신정변 시에 구해줬다. 이후부터 알렌의 미래는 꽃길이었다. 고종과 중전의 도움을 받아 최초의 서양식 병원인 광혜원을 개원했다. 미공사관의 외교업무를 맡게 된 알렌은 조선 전체 금 생산량의 4분의 1을 차지하던 평안도 운산 금광의 채굴권을 미국에 양도하도록 고종을 설득했다. 알렌은 미국 신문에 광고를 내어 금광을 개발할 업자를 모집했다.

이때 나타난 사람이 모스였다. 그가 알렌의 중개로 1895년 7월에 고종과 운산금광 채굴 계약을 맺었으나 자본 부족으로 1897년 헌트에게 양도한다.

헌트는 모스의 계약을 전면 수정하여 고종이 가진 주식의 4분의 1을 일시불로 지급하여 금광 개발을 독점했다. 채굴 계약 기간도 1938년까지 연장한다. 운산 주변에 금광을 개발하던 조선인들을 몰아낸 후 철조망을 임의적으로 설치했다. 금광 주변의 농민들은 보상도 받지 못하고 쫓겨났다.

알렌의 언변에 속아 조선을 도와줄 미국에 최대한 협조한 조선왕실은 자국의 백성이 미국인에게 살해당해도 처벌을 하지 못했다. 금광이 발견되었다는 소식에 몰려 든 조선인들의 광산 접근을 저지하기 위해 총을 쏴대며 '노 터치'를 외쳤다. 미국인들의 발음을 알아듣지 못한 조선인들에게 금을 강탈당하는 분노와 저항의 감정이 '금이 많이 나왔다'의 의미인 노다지가 전혀 흥겹지 않은 한탄의 노다지가 되어 남은 것이다.

노다지를 경험한 운산 금광 이후 조선은 제국주의 국가의 자원침탈에 속수무책이었다. 특히 식민지 시대 일본은 한반도 전체를 벌집 쑤시듯 금광을 찾아다니며 획득한 자원으로 급속한 공업화와 군사 대국화의 발판을 마련했다.

조선 최초로 화신백화점을 만들고 태평양 전쟁 시에 비행기를 일본에 헌납한 박흥식, 1932년에 조선일보를 사들여 일왕의 만수무강을 위해 신년 특집판을 제작한 방응모도 노터치가 만들어 낸 노다지로 벼락부자가 되었다.

미국은 운산금광에서 40년 동안 900만 톤의 금을 채굴하여 5600만 달러의 이익을 올렸다. 조선을 지켜줄 것으로 믿었던 미국은 1905년 카쓰라·태프트 밀약을 통해 일본의 조선 병합을 가장 먼저 인정했다. 알렌은 조선을 떠나면서도 고종의 도움(?)을 받았다. 하와이 사탕수수 농장주에게 조선의 청년들을 팔아 넘겼다. 합법적인 인신매매였다.

33명의 민족대표들이 3·1 만세운동의 전부는 아니다

1919년 1월 22일 경운궁(덕수궁)에서 고종이 사망했다. 죽음의 원인은 뇌일혈이었다. 소문은 빠르게 퍼졌다. 독살은 사실처럼 굳어졌고, 진위 여부는 중요하지 않았다. 3월 3일에 예정된 시위는 장례 일을 피하기 위해 3월 1일로 당겼다.

독립선언문 낭독 장소는 파고다 공원(탑골 공원)로 결정했다. 정오에 모이기로 한 민족대표들은 고급 음식점에서 따로 만났다. 개학을 맞은 학생들과 고종의 인산일에 맞춰 상경한 일부의 유생들이 파고다 공원으로 모여들었다. 예상하지 못한 많은 군중이 모여들기 시작했다.

33명 중에서 29명이 모인 시간은 오후 1시, 그 무렵에야 태화관 사교 1호실에 태극기가 걸렸다. 의례를 마친 후 계획된 독립 선언서 낭독은 간단하게 마무리 했다. 식을 끝낸 대표들은 조선 총독부에 자진출두를 고했다. 1910년대 식민지 조선은 언론·출판·집회·결사의 자유가 엄격히 금지된 무단 통치하에 있었다. 잠시 후에 헌병들과 순사들이 인력거를 가지고 태화관에 왔지만, 민족대표들은 인력거를 사양하고 자동차를 요구한다. 이들은 택시 일곱 대에 나눠 타고 경무총감부로 이동했다.

왜 민족대표들은 넓은 공원이 아닌 밀실로 들어갔을까. 태화관은 원래 명월관의 별관이었다. 현재의 광화문 동아일보사 근처에 있었던 명월관의 주인은 대한제국 순종의 요리사였던 안순환 이었다. 조선 병합의 일등공신들인 이완용과 송병준, 이지용이 단골로 드나들던 명월관은 궁중요리 전문이라는 수식어 보다는 내로라하는 기생들 덕분에 성황을 이뤘다. 명월관이 1918년 불타 버린 후 인사동에 태화관을 신장 개업한 것이다. 손병희를 도와서 독립운동을 후원한 주옥경의 소개로 알게 된 태화관은 독립선언서를 위한 조용한 장소로서는 최적이었다. 다수의 군중이 모여 불상사가 발생할 것을 염려한 민족대표들은 3·1 만세운동이 확대되는 것이 두

려웠을까.

　3·1만세운동의 실질적인 주도자였던 최린은 1920년대 후반부터 친일 인사로 활동했다. 그는 1942년 5월 10일자 매일신보에 징병제 시행을 축하하는 글을 기고한다. "이날이 오기를 얼마나 기다리고 있었느냐… 반도 민중은 창씨도 하였고, 기쁜 낯으로 제국 군인이 되어 무엇으로 보나 황국 신민이 된 것이다." 박희도는 1931년 1월에 친일 잡지 〈동양지광〉을 일본어로 창간하고 "조선이 자진하여 마음속에서 일본 국민이 되는 것이 가장 필요하다."고 주장했다. 숱한 친일 활동들의 일부에 불과하다.

　교과서에 실려 있는 민족대표들이 3월 1일에 자수한 이후에 만세 시위의 규모는 커졌다. 학생들을 비롯한 이 땅의 이름 없는 민중들은 선언서를 낭독하고, 유인물을 배포하며, 독립을 외쳤다. 7500여명이 죽고 수만 명이 부상당하면서도 5월초까지 2백 만명이 참여했다. 민족대표들이 대부분 2~3년 만에 형 집행정지로 석방된 가운데 민중들과 학생들은 가혹하게 탄압받고 죽어갔다.

　"폭동은 우매한 것으로 우리의 독립선언과 아무런 관계가 없는 것이다. 우리는 만세운동과는 책임이 없다."라고 고백하며 형 집행정지로 풀려난 사람들까지 민족대표라 부르기엔 무참하다.

삶의 출발은 비슷했으나
마지막은 달랐던 민영환과 이완용

신문에 실려 인구에 회자된 〈혈죽가〉에서는 "놀랍고도 신긔하다 우리 민충정/ 어리석고 불상하다 우리 국민들… / 대한 중흥 어서 해보세"라고 하여 사후에 기적을 일으켰다는 민영환을 '어리석고 불쌍한 백성'의 스승으로 삼았다.

민영환은 친일하거나 보신주의로 일관한 다수의 고관대작과는 다르다. 대한매일신보는 죽은 민영환을 영웅으로 만들었다. 민씨 정권 부패의 상징인 민겸호가 임오군란 중에 피살된다. 22살의 나이에 정3품 성균관 대사성에 이른 민영환의 아버지였던 민겸호의 아들이자 중전 민씨의 조카였다. 30살이 되기 전에 이조참판·호조·병조판서까지 두루 역임한 배경에는 척족정권의 핵심이었기에 가능했다.

동학농민운동의 총대장 녹두장군 전봉준 공초(供招)에는 민영환을 매관매직과 부정부패의 주역으로 지목했다. 사실여부를 확인할 순 없지만 고종과 명성황후의 신임을 받았던 민영환은, 농민들이 보기엔 부패한 척족 세력이었을 뿐이다.

이완용의 초기 모습도 민영환과 비슷하다. 그는 명문가 양자로 들어가 최초의 근대식 교육 기관이었던 육영공원에서 공부했다. 주미공사관을 시작으로 독립협회 위원장, 아관파천의 주역으로 권력의 중심부에서 활동했다.

친미·친러·친일파로의 변신은 능수능란했다. 1905년 11월 18일, 학부대신이었던 이완용은 을사늑약지지로 매국노의 중심으로 들어온다. 이토 히로부미의 후원으로 의정대신 서리·외부대신 서리를 겸직, 1907년 의정부 참정이 되었으며 의정부를 내각으로 고친 후 총리대신이 되었다. 1907년 헤이그 특사 의 책임을 물어 고종 강제 퇴위를 성사시켰다. 기유각서를 단독으로 맺어 대한제국의 사법권마저 일본에 넘겼다.

군중들에 의해 집이 불타고, 명동성당 앞에서 이재명의 칼을 맞았지만 목숨을 건졌다. 1910년 8월 29일 총리대신으로 정부 전권위원이 되어 한일 병합조약을 체결하였다. 일본에 의해 백작, 조선총독부 중추원 부의장, 후작에 올랐으며 그의 아들도 남작의 지위를 받았다. 이완용은 현실을 인정하는 실리주의자로 변신을 거듭했다.

천수를 누리며 69살까지 살면서 잘못을 인정하지 않은 이완용과 나라를 지키지 못한 사죄를 하고 44살에 스스로 삶을 마감한 민영환.

죽었지만 영원히 살아남았고, 살았지만 영원토록 죽어야 하는 삶을 보면 가끔이지만 역사가 통쾌하다. 가끔이어서 문제지만….

노블리스 오블리제, 이회영의 정신이다

노블리스 오블리제(Noblesse Oblige)는 '가진 자의 도덕적 의무'를 의미하는 프랑스어이다. 오늘날 유럽 사회 지도층의 의식과 행동을 지탱해 온 정신적인 뿌리이다.

우당 이회영은 우리나라의 대표적인 삼한갑족(三韓甲族. 신라, 고려, 조선 3조에 걸쳐 대대로 문벌이 높은 집안)이다. 특히 이항복 이래 8대에 걸쳐서 연이어 10명의 재상(9명의 영의정과 1명의 좌의정)을 배출한 조선조 최고의 명문이다.

해방 후에는 이회영의 동생인 이시영이 초대 부통령을 역임해 집안의 명성을 이었다. 이회영의 아버지는 고종 때 이조판서를 지낸 이유승이다.

이회영 집안은 1910년 12월 추운 겨울에 60명에 달하는 대가족을 이끌고 만주로 떠난다. 망명을 떠나려고 급하게 처분한 재산은 요즘 가치로 환산하면 600억 원에 이른다.

만주로 간 6형제는 첫째 이건영(1853~1940), 둘째 이석영(1855~1934), 셋째 이철영(1863~1925), 넷째 이회영(1867~1932), 다섯째 이시영(1869~1953), 여섯째 이호영(1875~1933) 등이다.

그들은 중국 길림성 삼원보에 정착하여 인근의 땅을 매입하고 경학사와 부설 교육기관으로 신흥강습소를 설치했다. 신흥강습소는

후일 신흥무관학교로 개편돼 독립군 양성의 중추기관으로 자리 잡았다. 학비와 숙식에 드는 비용은 모두 무료였다. 1920년 폐교될 때까지 배출한 수 천 명의 독립군들은 후일 청산리와 봉오동 전투의 감격적인 승리를 이끌었다.

가지고 온 자금이 바닥난 후 이회영 일가는 중국의 빈민가를 전전하며 갖은 고생을 다했다. 끼니도 못 잇고 굶기를 밥 먹듯이 하고 학교에 다니던 아이들 옷까지 팔아 겨우 연명할 정도였다. 우당은 생활의 어려움에 굴하지 않고 블라디보스토크와 베이징, 상하이에서 독립운동에 헌신했고, 1921년에는 단재 신채호와 함께 무정부주의 운동을 벌이며 분열된 임시정부의 단합을 위해 조정 역할을 맡기도 했다.

1932년 11월 만주 일본군 사령관 암살을 목적으로 상하이에서 다롄으로 가던 도중 경찰에 체포되어 혹독한 고문 끝에 옥사했다. 이회영의 6형제 중 5명이 고국으로 돌아가지도 못하고, 조국 해방도 보지 못한 채 타국 땅에서 쓸쓸히 생을 마감했다. 가족 대다수는 굶주림과 병, 고문으로 세상을 떠났고, 이시영만이 살아서 해방을 맞이했다.

'죽어서도 살 것인가. 살아서 죽을 것인가', '죽어서도 아름다울 것인가. 살아서 더러울 것인가'를 외치며 저항했던 우당 이회영. 사람의 생명은 죽음으로 귀결되지만 역사의 생명력은 끝남이 없다.

장충단과 신라호텔, 경운궁과 덕수궁, 역사는 말이 없다

경운궁(덕수궁)의 전경

'안개 낀 장충단 공원 누구를 찾아왔나/ 낙엽송 고목을 말없이 쓸어안고 울고만 있을까'로 시작되는 대중가요 안개 낀 장충단 공원. 한국의 엘비스 프레슬리라는 가수 배호의 중저음과 어울려 애수에 잠들게 한다.

5군영인 어영청의 분원인 남소영 자리에 장충단이 건립됐다. 을미사변 때 일본 낭인들과 싸우다가 죽은 훈련대 연대장 홍계훈과 궁내부 대신 이경직을 비롯한 군인들을 기리는 제단이었다. 1901년부터는 개항이후 순국한 영령들을 추가하여 매년 봄과 가을에 제사를 지내기 시작했다. 오늘날의 동작동 국립현충원과 비슷한 곳이다. 장충(奬忠)은 충성을 장려한다는 의미이며 현충(顯忠)은 충성을 드러낸다는 뜻이다.

1904년 선전포고 없이 일본은 러시아를 기습공격 했다. 대규모 군대가 서울에 들어왔고 만주로 가는 일본 군인들의 오락장이 지어졌다. 일본인 거류민단은 장충단 서쪽지역을 매입하여 유곽을 만들었다. 일본인들이 헐값에 강제로 사들인 곳은 대한제국의 초혼단이었던 장충단 주변이었다. 의도적인 대한제국의 정신 말살이라 볼 수 있다. 일본은 고종이 죽은 후에 장충단을 공원으로 만들어 버리고, 1932년에는 이토 히로부미를 기리는 박문사를 지었다.

박문사의 정문은 경희궁 흥화문을, 부속건물은 조선 역대 왕과 왕비의 영정을 봉안하던 경복궁 선원전 건물을 옮겨다 사용한다. 장충단 서쪽에는 군인들의 유흥장을, 동쪽에는 이토 히로부미를 축원하는 박문사를 건립한 목적은 분명하다.

　서울에서 걷기 좋은 길을 선정할 때마다 덕수궁 돌담길이 우선순위에 오른다. 혜은이가 부른 '덕수궁의 돌담길 옛날의 돌담길'의 아련한 추억도 함께 하는 길이다. 성종의 형인 월산대군의 집이었다가 임진왜란 이후 불탄 궁궐을 대신하여 선조가 1593년부터 궁으로 사용하기 시작했다. 1611년 광해군이 경운궁으로 명명했지만 창덕궁을 법궁으로 사용하던 시기에는 주목받지 못했다.

　일본에 의해 강제 퇴위당한 고종은 아들인 순종에게 창덕궁을 내주고 경운궁으로 이사했다. 일본은 고종을 강제로 쫓아낸 것을 감추기 위해 '덕을 쌓으며 천수를 누리시라'는 의미로 궁궐 이름을 덕수궁으로 변경했다. 덕수궁의 원래 뜻은 '퇴위한 왕이 거처하는 궁'이라는 의미의 보통명사인데 일본은 보통명사를 궁궐 이름으로 사용했다.

　장충단 자리에 들어섰던 유곽과 박문사는 사라졌다. 그 자리에는 신라호텔이 들어섰다. 몇 해 전 한복 입은 사람의 식당 출입을 금지한 호텔에 대해 여론의 질타가 대한제국의 역사까지 생각한 것은 아니었을 것이다. 그래도 씁쓸한 기억으로 남아있다.

　우리가 자랑하는 궁궐의 이름이 쫓겨난 고종을 조롱하던(?) 보통명사의 의미로 사용된 것인데도, 우리는 그 길을 걷고 싶어 추억에 빠진다.

'시일야방성대곡'의 장지연과 김구 암살범 안두희

교과서에서 처음 만나는 인물들은 기억에 오래 남는다. 인물은 아니지만 최초의 인류인 '오스트랄로 피테쿠스'를 한국인 대다수가 알고 있는 것처럼.

을사늑약 하면 '을사오적'과 '시일야방성대곡'이 떠오른다. 때문에 황성신문에 논설을 게재한 장지연은 대표적인 저항 언론인의 상징으로 기억한다. 제목은 유명하지만 내용에 대해서는 알지 못한다. 대한제국의 대신들을 개와 돼지라고 비난했지만 고종과 일본에 대해서 비판하지 않았음인지 장지연은 3개월 만에 석방되어 복직했다.

이보다 앞선 1904년 5월 황성신문 논설에서 장지연은 "백인종에 맞서려면 황인종은 일본 중심으로 단결해야 한다"고 주장했다. 러일전쟁이 한창이던 당시에 대부분의 지식인들이 장지연과 비슷한 생각을 했다. 안중근도, 신채호도, 박은식도 사회진화론을 받아들였다. 이들에 대한 평가는 결과에 따라 다르게 남았다.

장지연은 1909년 10월에 경남일보 주필로, 1915년부터는 조선총독부 기관지인 〈매일신보〉에 글을 쓰기 시작했다. 1917년 6월 8일 자 신문에는 '내선인민이 친목으로 사귀어…… 일선(日鮮) 융화의 서광이 빛나리'라고 찬양의 기사를 썼다.

백범 김구가 현역 군인이었던 육군 소위 안두희에게 살해됐다.

경교장에 울린 45구경 권총의 탄환은 야수 같은 일제도 잡지 못한 김구의 심장을 관통했다. 1949년 6월 26일이다. 안두희는 범행 후 종신형을 선고 받았지만 3개월 만에 15년으로 감형되고 한국전쟁이 일어나자 잔형 집행정지 처분을 받았다. 1950년 7월에 소위로, 9월에 중위로 진급하더니 1951년 잔형 면제를 받고 대위로 진급한 그는 1953년 2월에 완전 복권되었다. 강원도에서 군납 공장을 운영하던 안두희는 4.19 혁명이후부터 정체를 감추고 살면서 대중의 관심에서 멀어졌다.

그 즈음부터 김구 암살 배후에 대해 조사해 달라고 여러 차례 정부에 탄원했던 권중희는 안두희의 행방을 추적했다. 1987년 마포구청 앞에서 몽둥이로 안두희를 구타한 권중희는 '이승만의 지시를 받았다'는 자백까지 받아냈다. 폭력에 의한 거짓 자백이었다고 밝혔지만 파장은 컸다. 결국 안두희는 1996년 박기서에게 맞아 죽었다.

재판부는 여론을 고려해서 상대적으로 가벼운 형을 선고했지만 끝내 김구 암살의 배후는 밝혀지지 않았다. 국가가 나서서 암살의 배후를 밝혔더라면, 안두희는 숨어 살다가 맞아 죽지 않았을 것이고 박기서도 살인을 하지 않았을 것이다.

국가의 역할을 제대로 했다면 이 모든 사건은 발생하지 않았을 것이다.

맥아더가 살려준 일본의 히로히토

1926년 일본왕 히로히토가 취임한다. 그는 연호를 '쇼와'라고 발표한다. 일본어로 '쇼와'는 평화와 계몽을 의미한다. 젊은 시절 영국에 유학했던 그는 훗날의 에드워드 8세를 만났는데 이때가 자기 인생의 가장 행복한 시기라고 말했다. 영국에 선전포고 하는 것에 대해 매우 슬프다고 한 것을 보면 이 말은 사실에 가깝다.

1930년대 들어서 일본은 급격한 군국주의 노선을 채택한다. 31년 만주 사변을 시작으로 37년 중일전쟁, 41년 태평양 전쟁을 일으켰다. 육군상 스기야마는 2개월 이내에 전쟁을 완료 하겠다고 일왕에게 보고했다. 일본은 장기전을 준비하지 않았다.

2차 대전 종전 후에 그는 기회가 있을 때 마다 전쟁을 반대했다고 말했지만 그가 미국과의 전쟁을 반대한 이유는 해군의 준비가 미흡하다는 우려 때문이었다. 진주만 기습에 대한 그의 생각은 반대가 아닌 성공 여부였다. 공격이 성공하자 축하 연설을 한 것으로 보아 군부의 꼭두각시가 아닌 총 지휘부였다는 사실을 보여준다. 그런데도 히로히토가 무기력한 이미지로 각인된 것은 맥아더가 보여준 전략적인 판단이었다. 수줍고 내성적이며 안경쓴 작은 체구의 모습도 한 몫 했다.

1945년 9월 27일 오전 10시 히로히토 일왕은 적갈색 롤스로이스에 몸을 싣고 궁을 나섰다. 수행원을 태운 차량 3대 외에는 호위대

가 따라붙지 않았다. 히로히토는 불안하고 초조했다. 침략전쟁의
패배로 그의 이름은 연합군 군사재판소의 전범 리스트 상단에 올
라 있었다. 히로히토 일행이 멈춘 곳은 미국 대사관저였다. 점령군
사령관 더글러스 맥아더가 악수를 청하며 그를 맞았다. 일본 측 통

역관 1명만 배석한 회담은 40분간 이어졌다. 양측은 회담내용을 비밀에 부치기로 약속했다. 후일에 맥아더는 회상록에서 '히로히토가 전쟁에 대해 전적으로 책임지겠다.'고 밝혔다고 썼지만, 1975년 언론에 공개된 통역관의 노트에는 '책임진다'는 내용은 없었다.

회담 당시 일왕에게 전쟁 책임을 물어 법정에 세우고 천황제를 폐지할 것인지가 일본 안팎에서 최대 관심사였다. 아시아 국가 및 연합국과 달리 맥아더는 히로히토를 처벌할 의사가 없었으며 천황제를 폐지해선 안 된다고 생각했다. 히로히토가 법정에 서면 일본 사회가 불안해져서 미군의 통치가 힘들어진다고 판단한 것이다. 히로히토는 패전 후 불면증에 시달렸는데 회담 이후 잠을 잘 잤다고 한다. 46년부터 시작된 도쿄 전범재판에서 히로히토는 기소되지 않았고 증인으로도 출석하지 않았다.

우리에게 자행한 악랄한 민족 말살 정책과 731부대의 마루타 생체실험을 보고받은 히로히토를 기억 못하는 우리는 북한의 남침을 막아낸 전쟁의 영웅으로 맥아더를 영웅화했다. 히로히토의 전쟁책임을 무마시켜 준 것은 맥아더가 아니라 현재의 역사를 제대로 가르쳐주지 않은 우리의 책임이다.

히로히토는 아주 오래 살다가 1989년에 죽었다. 천수를 누리며 살다간 그는 식민지 통치와 전쟁에 대한 아무런 반성도 없었다.

'……한다더라'와 유언비어의 차이는…?

진짜 민심을, 언론이 제대로 담아내지 못한다면 언론은 찌라시다. 교과서에 나오는 한성순보는 우리나라 최초의 신문이다. 1883년 박문국에서 발행했다. 열흘마다 인쇄된 한성순보는 주로 개화의 이유와 개화의 성과를 홍보하기 위해 만들어졌다.

독립신문, 황성신문, 대한매일신보 등의 각종 민간 신문이 발행된 대한제국 시기에는 지면이 세분화되어 관보(官報), 외보(外報),

잡보(雜報), 논설, 광고면으로 나눠졌다.

관보는 정부가 발표한 내용들을 발췌하여 새롭게 정리한 것이었고, 외보는 외신기사였다. 잡보는 기자가 직간접으로 취재한 것으로 오늘날의 보도기사라고 볼 수 있다. 교통은 느렸고, 통신은 더 멀었고, 지방 주재 기자도 없었던 시절의 잡보의 내용은 대부분 이랬다. '누구누구의 전언에 의하면…… 한다더라'의 형식으로 끝났다.

대한민국의 언론은 세계 최첨단이다. 거기다가 취재 환경은 타의 추종을 불허한다. 불러주는 대로 쓰고, 방송 하라는 내용만 편집하면 그만이다. 그러니 잡보 수준의 기사를 자주 남발한다. '카더라'와 '아님 말고'의 뉴스로도 부족한지 세월호 참사 현장에 취재도 가지 않고 보도한 기사들은 소설이다.

1927년 함흥에서 일본인 의사가 페디스토마를 치료하다가 6명이 죽는 사건이 발생했다. 흉흉한 민심은 일본인이 조선 사람을 죽이려고 주사했다고 퍼져 나갔다. 식민 통치의 억압과 수탈에 대한 불똥은 괴담으로 나타난 것이다. 총독부와 경찰은 '악의적인 괴담'을 퍼뜨리면 엄벌에 처하겠다고 했지만 파문은 쉽게 가라앉지 않았다.

권력은 유언비어를 탓하기 보다는 유언비어가 확산될 원인 제공을 먼저 반성하고 해결해야 한다. 권력이 감추어야 비밀들이 많아질수록 찌라시는 준동(蠢動)한다. 언론이 본분을 망각할 때, 유언비어가 언론을 대신한다. 진짜 민심은 유언비어 속에 감춰져 있기 때문이다.

왜곡하는 언론, 배신의 트라우마

'국채 1300만원은 바로 우리 대한제국의 존망에 직결된 것으로, 갚지 못하면 나라가 망할 것인데, 국고로는 해결할 도리가 없으므로 이천만 인민이 3개월 동안 흡연을 폐지하고, 그 대금으로 국채를 갚아 국가의 위기를 구하자'

대한매일신보의 1907년 2월 21일자 보도는 뜨거운 반응을 나타냈다. 전국 각계 각층의 범국민적 운동으로 확산되었고 여성들의 참여가 단연 돋보였다. 가락지와 비녀를 팔고 양식과 반찬값을 줄이고, 머리카락을 잘라 판 돈을 기부했다. 모금운동이 확산되자 통감부는 국채보상기성회의 간사 양기탁을 공금횡령 의혹으로 체포하여 운동을 무산시켰다. '일천만 한 사람이 1원씩'을 슬로건으로 1923년 벌어진 민립대학 설립운동은 총독부를 자극하여 경성 제국대학 설립을 발표하게 만들었다. 인구의 대다수가 글조차 모르는 현실에서 대학 설립은 한계가 분명했으나 자발적인 운동이었음은 분명하다.

비밀이 많아진 권력이 곤궁해지면 자발적인 성금 모금보다는 강제성이 강화된다. 국방헌금, 애국헌금 등의 명목을 붙여 애국심 고취와 일제에 충성하는 지표로 삼았다. 친일화가 김은호는 〈금채 봉납도〉에서 여성 단체 인사들이 일본군을 돕기 위해 금비녀와 가락지를 헌납하는 모습을 그렸다. 그는 1937년부터는 국방기금 마련을 위한 특별 전시회를 열기도 했다. 친일 기업인이었던 경성방직 사장 김연수와 화신백화점 사장 박흥식은 헌금을 모아 비행기를 헌납하여 사업을 확장하고 태평양 전쟁을 지원했다.

성금 모금이 식민지 시대만의 전유물은 아니다. 북한의 금강산 댐 건설 계획에 맞선 평화의 댐 건설, 일본의 역사교과서 왜곡에 대해 독립기념관 건립 모금은 고사리 손의 손때까지도 힘을 보탰다. 최근에는 숭례문 화재 때에도, 구제역이 발생해도, 심지어 군인들의 발열 조끼 지급에 대해서도 정부는 성금 모금을 부추겼다. 세월호 참사와 관련된 특별법 제정에서 금전적인 보상을 요구한다는 유가족의 주장도 이와 유사하다. 유가족은 진상규명과 책임자 처벌을 우선하고 있는데도 일부 언론과 단체들은 사실과 거리가 먼 금전적 보상에 무게 중심을 두고 있다. 유병언을 둘러싼 의혹보다 중요한 것은 사고와 관련된 사실 여부의 파악이며, 그에 따른 범정부 차원의 진상 규명이 우선이다.

'사람에게 본성이란 없다. 오직 역사가 있을 뿐이다.'라는 스페인 철학자 호세 오르테가 이 가세트의 주장을 있는 그대로 받아들여야 한다. 역사가 오래되면 기억할 내용들이 많아진다. 이해할 수 없는 내용도, 이해되지 않는 사실도 역사 속에 남아있기 때문이다.

선조가 백성을 버리고 의주로 도망가지 않았더라면, 고종이 망국의 군주로 치욕스럽게 살기보다 끝까지 싸웠더라면, 이승만이 서울시민에게 거짓말을 하지 않았더라면.

현재의 상황을 불신하는 이유는 배신의 트라우마 때문이다. 그러니 우리에게 요구하지 마라.

살아남은 자들이 남긴 슬픈 고백,
우리는 지금 어떤 고백을 해야 하나

ⓒ이미령

　저항 정신이 충천했던 시인은 히틀러가 집권한 독일에서 편안하게 살아갈 수 없었다. 브레히트는 허무주의의 관념에서 벗어나 적극적인 사회 참여시를 쓴다. 역사를 바꿀 수 있다는 신념은 가난하고 억압받는 사람들을 위해 적극적인 진실을 말하겠다는 그는 〈배움을 찬양함〉에서 이렇게 외쳤다.

배워라, 난민 수용소에 있는 남자여! 배워라, 감옥에 갇힌 사나이여!
배워라, 부엌에서 일하는 부인이여! 배워라, 나이 60이 넘은 사람들이여!
학교를 찾아가라, 집 없는 자여! 지식을 얻어라, 추위에 떠나는 자여!
굶주린 자여, 책을 손에 들어라. 책은 하나의 무기다.
당신이 앞장을 서야만 한다.

나치 독일이 서유럽을 점령하자 그는 미국으로 건너갔다. 마르크
시즘을 지지했던 시인이 주거지로 택한 곳은 자본주의 문화의 중심
이었던 할리우드였다. 그 즈음에 브레히트가 남긴 〈살아남은 자의
슬픔〉에는 수많은 친구와 가족들을 처참하게 잃고 살기위해 도망
친 자신에 대한 절망과 자괴가 가득하다.

물론 나는 알고 있다. 오직 운이 좋았던 덕택에 나는 그 많은 친구들보다 오
래 살아남았다. 그러나 지난 밤 꿈속에서 이 친구들이 나에 대하여 이야기하
는 소리가 들려왔다. "강한 자는 살아남는다" 그러자 나는 자신이 미워졌다.

1948년 반민특위에 구속된 이광수는 〈나의 고백〉을 썼다. 그는
자신의 친일을 참회하기보다는 변명과 미화로 일관했다. 이광수는
친일파 모두를 사면해야 한다고 주장했는데, 이른바 '홍제원 목욕
론'이 그것이다. 병자호란 당시에 청나라에 끌려갔다 돌아오는 조

선 여인들이 홍제천에서 목욕을 하고 들어오면 지난 시절에 대해 묻지 않았다는 것이다.

"오늘날 친일파 문제도 이와 비슷하다. 사십년 일정(日政)밑에 일본에 협력한 자, 아니한 자를 가리고, 협력한 자 중에서도 참으로 협력한 자, 할 수 없어서 한 자를 가린다 하면 그 결과가 어찌 될 것인가. 일정(日政)에 세금을 바치고, 호적을 하고, 법률에 복종하고, 일장기를 달고, 황국신민서사를 부르고, 신사에 참배하고, 국방헌금을 내고, 관공립 학교에 자녀를 보내고 한 것이 모두 일본에의 협력이다. 더 엄격히 말하면, 죽지 않고 살아 있는 것도 협력이다. 왜 그런가 하면, 그가 협력을 아니 하였던들 죽었거나, 옥에 갔기 때문이다. 만일 일정(日政) 사십년에 전혀 일본에 협력하지 아니하고 살아온 사람이 있다고 하면, 그는 해외에서 생장한 사람들일 것이니, 이들만 가지고 나라를 하여 갈 수가 있겠는가."

15세기, 어전에서 신하들이 토론한다. 왕은 신하들의 이야기를 듣는다. 한참 후에 왕이 결론을 내린다. "경의 말이 옳소."

16세기, 동헌에서도 지방 수령은 고을민의 이야기를 듣는다. "이실직고 하라."

21세기, 광장에서는 시민들이 외쳐댔다. "적폐청산, 나라다운 나라를 만들자."

역사는 흐른다–박상진과 장승원, 김원봉과 장택상

1909년 12월 22일 오전 11시 명동성당에서 벨기에 황제의 추도식에 이완용이 참석했다. 이재명은 성당 문밖에서 군밤장수로 변장하고 있다가 이완용을 공격했지만 실패했다.

"공평치 못한 법률로 나의 생명을 빼앗지마는 국가를 위한 나의 충성된 혼과 의로운 혼백은 가히 빼앗지 못한다 할 것이니, 한 번 죽음은 아깝지 아니하거니와 생전에 이룩하지 못한 한을 기어이 설욕 신장하리라."던 이재명은 24살의 나이로 사형 당했다.

"나는 평생 시세를 따라 잘 처신한 덕에 가문을 이만큼 세웠다. 앞으로는 미국이 승할 테니 너는 영어를 배워 두라."는 이완용은 천수를 누렸다. 예순아홉 살 까지 살다간 이완용의 장례식은 50명의 장례위원들이 엄수했다. 일왕이 하사한 조선총독부 중추원 부의장 정2위대훈위후작 이라고 적힌 깃발을 앞세운 장례 행렬은 일본 순사들의 호위 속에 이루어졌다.

이완용은 처세의 달인이라고 해야 한다. 그는 세상의 변화를 예측하는데 탁월했다. 그는 최초의 근대식 교육기관인 육영공원을 졸업하고 뛰어난 영어실력을 인정받아 주미 조선공사관 참사관으로 근무했다. 유학에 대한 통찰력, 당대의 명필가로 개화파와 수구파와도 친분을 유지했다. 흥선대원군과 사돈간으로 왕실의 일원이기도 했던 그에게 친미에서 친러와 친일로 변절했다는 표현은 억울할 수도 있다. 그 자신은 순리에 따랐을 뿐일 수도 있기 때문이다.

　연간 쌀 7만 5000석을 수확할 정도로 한강 이남의 제일가는 부호였던 장승원에게 대한광복회 총사령관 박상진은 군자금을 요청했다. 돈이 없다며 다시 오라던 그의 신고로 단원들은 일본 경찰에 체포된다. 얼마 뒤 또 다른 단원들이 장승원을 암살했고, 박상진은 1921년 주범으로 체포되어 사형 당했다.

　죽은 장승원에게는 아들이 3명 있었다. 큰 아들 길상, 둘째 직상, 셋째 택상이다. 장길상은 소작인들에게 가혹하게 소작료를 물리고 인심을 잃자 땅을 팔고 대구로 옮겨 선남상업은행, 대구은행의 대주주가 된다. 장직상은 대구상공회의소 회장에 이어 총독부 중추원 참의에 오르는 등 출세 가도를 달리면서 온 정성을 다해 친일 행각을 벌였다. 1947년, 의열단 단장이며 광복군 부사령을 지낸 김원봉이 노덕술에게 체포된다.

　1923년 의열단원 김상옥이 폭탄을 투척하고 1000여명의 경찰대와 접전을 벌인, 식민치하 독립 운동가에게 악명 높은 종로경찰서에는 여전히 친일 경찰들이 있었다. 종로경찰서로 끌려간 김원봉은 악질 친일 경찰 출신인 노덕술에게 뺨을 맞는 모욕을 당한다. 일제가 최고의 현상금을 걸고도 잡지 못한 김원봉은 해방된 조국, 남한을 떠났다. 김원봉의 고모부는 대한광복회의 창립 일원이었고, 김원봉의 체포를 지시한 수도경찰청장 장택상은 장승원의 막내아들이었다.

김원봉

장택상

지난 2006년 이승만의 양자인 이인수와 함께 KBS의 주말드라마 《서울1945》가 이승만과 장택상의 명예를 훼손하는 등 허위사실을 유포했다며 서울중앙지방법원에 손해배상 청구 소송을 제기했던 장병혜는 장택상의 딸이다. 19살에 미국으로 유학 간 그녀는 역사학 박사학위를 받았고 세 자녀를 모두 하버드대, 예일대 등 명문대학에 진학시켰다. 그녀가 쓴 〈아이는 99% 엄마의 노력으로 완성된다〉는 책은 한 때 베스트셀러였다.

친일에 대한 확신범, 그들에게 반성문은 없다

잡지 〈개벽〉, 1922년 5월호에 춘원 이광수는 작심하고 글을 썼다. "거짓되고, 공상과 공론만 즐겨 나태하고 서로 신의와 충성이 없고, 일에 임하여서는 용기가 없고, 이기적이어서 사회 봉사심과 단결력이 없다."

이광수는 우리 민족의 식민지 전락은 열등한 민족성에서 기인된 것이기에 조선민족을 '개조'해야 한다는 〈민족개조론〉을 주장했다. 그가 주장하는 '개조'된 인간의 특징은 '국가에 대해서는 모든 임무를 다하는 완성된 범인(凡人)'이다. 일본의 통치에 적극적으로 순응

하고 복종하며, 의무를 다하는 사람이 개조된 인간이라는 것이다.

1924년 동아일보에 발표된 〈민족의 경륜〉에서 "조선 내에서 허락되는 범위 안에서 정치적 결사를 조직해야 한다."고 말했다. '해외를 떠돌아다니며 헛되이 독립을 꿈꾸거나, 단지 감옥에 들어갔다' 오는 독립 운동가들을 과소평가한 그는 식민지의 독립이 아닌 '자치론'만이 필요하다고 강조했다.

1940년 2월 12일부터 본격화된 창씨개명은 식민지 조선을 '내선일체'의 하나로 총독부가 조선인 이름을 일본식으로 바꾸도록 한 것이다. 그날 아침 관공서가 문을 여는 시각을 기다려 가장 먼저 달려가 등록을 마친 사람은 조선 최고의 작가라는 이광수였다.

"내가 향산(香山)이라고 일본적인 명으로 개명한 동기는 황송한 말씀이나 천황어명과 독법을 같이하는 씨명을 가지자는 것이다. 나는 깊이깊이 내 자손과 조선민족의 장래를 고려한 끝에 이리하는 것이 당연하다는 굳은 신념에 도달한 까닭이다. 나는 천황의 신민이다. 내 자손도 천황의 신민으로 살 것이다. 이광수라는 씨명으로도 천황의 신민이 못 될 것이 아니다. 그러나 향산광랑(香山光浪)이 조금 더 천황의 신민답다고 나는 믿기 때문이다." 일본 이름으로 개명한 이광수는 확신범이 된 것이다. 그는 조금 더 천황의 신민답게 살기 위해 창씨 개명한다고 그는 말하고 있다.

태평양 전쟁이 발발하자, 이광수는 조선 학생들에게 학병을 지원할 것을 권유하는 강연단을 조직하여 전국 순회 강연은 물론 최남선과 함께 일본에 건너가서 조선인 유학생들을 상대로 연설을 하기도 했다.

1948년 반민특위에 체포된 이광수는 최후 변론에서도 다음과 같은 자기합리화를 주장했다. "해방이 1년만 늦었어도 조선 사람들은 황국신민의 대우를 받았을 것입니다. 창씨개명 안한 사람, 신사참배 안한 사람이 과연 몇이나 됩니까? 우리 국민은 문맹자도 많고, 경제자립도 어려워 일본과 싸워 이길 힘이 없습니다. 나는 민족을 위해 친일했소. 내가 걸은 길이 정경대로(正經大路)는 아니오마는 그런 길을 걸어 민족을 위하는 일도 있다는 것을 알아주오."

'정신대'와 '종군 위안부', 일본군 '위안부'

식민지 조선의 징병제 실시 소식에 김활란은 감격한다. 그 절정의 기쁨을 1942년 12월, 가장 친일적인 대중잡지 〈신세대〉에 남겼다.

'이제야 기다리고 기다리던 징병제라는 커다란 감격이 왔다. 지금까지 우리는 나라를 위해서 귀한 아들을 즐겁게 전장으로 내보내는 내지의 어머니들을 물끄러미 바라만 보고 있었다.… 그러나 반도여심 자신들이 그 어머니, 그 아내가 된 것이다.… 이제 우리도 국민으로서의 최대 책임을 다할 기회가 왔고, 그 책임을 다함으로써 진정한 황국신민으로서의 영광을 누리게 된 것이다. 생각하면 얼마나 황송한 일인지 알 수 없다.'

1937년 중일 전쟁을 일으킨 일본은 승리를 위해 국가 총동원법을 공표했다. 식민지 조선은 가지고 있는 모든 것을 내놓아야 했다. 곡식은 물론이고 놋그릇, 숟가락을 가져가더니 1944년부터는 본격적으로 강제 징용과 징집이 시작됐다.

남자들이 군인으로, 노동자로 끌려가면서 조선의 일손 부족이 심각해졌다. 새로운 노동력의 충원이 필요해 지자 여성들에게 집 안에서만 있으면 안 된다고 강조했다. 일제는 일손이 부족한 곳에 사람들이 필요할 때는 군대식 체계인 대(隊) 단위로 묶어 운영했다. 그중 하나가 '여자 근로 정신대'다.

문제는 조선 여성들을 '대(隊)'로 모았다고 해서 일의 능률이 올

라가지 않았다는 것이다. 의사소통이 가능하려면 최소한 초등 교육을 마쳤거나 업무 경험이 있는 여성들을 대상으로 모집하해야 했다.

일제는 이런 능력을 가진 여성들을 모으기 위해 학교, 면사무소, 직업소개소 같은 기관을 중심으로 교장과 교사, 면사무소 직원들을 동원해서 황국 신민으로서 나라를 위해 일할 수 있는 기회라고 꼬드겼다. 여자 근로정신대에 가면 일하면서 공부도 할 수 있다는 말에 새로운 기회처럼 보였을 것이다.

김활란은 1943년 매일신보에 다시 한 번 감동의 글을 실었다. 이 글이야말로 본인의 여성성을 확인받을 수 있었기에 징병제보다 더 감격하며 쓴 글이다. '아세아 10억 민중의 운명을 결정할 중대한 결전이 바야흐로 최고조에 달한 이때 어찌 여성인들 잠자코 구경만 할 수가 있겠습니까.… 이번 반도 학도들에게 열려진 군문으로 향한 광명의 길은 응당 우리 이화전문학교 생도들도 함께 걸어가야 될 일이지만 오직 여성이라는 한 가지 이유 때문에 참여를 못하는 것입니다. 그러나 싸움이란 반드시 제일선에서만 있는 것은 아닙니다. 이런 의미에서 우리 학교가 앞으로 여자특별연성소 지도원 양성기관으로 새로운 출발을 하게 된 것은 당연한 일인 동시에 생도들도 황국여성으로서 다시 없는 특전이라고 감격하고 있습니다.'

정신대는 일제의 인력 동원 정책을 말한다. 남녀를 모두 포함하는 것이다. 그러므로 정신대와 위안부는 세밀하게 접근해야 한다. '종군 위안부'는 우리나라 여성들이 자발적으로 군을 따라다니며 위안을 주었다는 의미다. 침략의 역사를 감추려는 일본의 의도가 반영된 것이다.

반면 일본군 '위안부'는 일본군의 전쟁 범죄의 책임과 역사성을 가감 없이 드러내고자 당시의 용어를 그대로 쓰지만 결코 그 말(위안이란 마음을 편안하게 한다는 뜻)에 동의하지 않음을 확인하기 위해서이다. 확실한 의미 전달을 위해 이미 통용되어 온 '위안부'라는 이름을 사용하되, 범죄 주체인 일본군에 의해 위안부라 불렸던 것과 구분하기 위해 작은따옴표를 반드시 붙여 써야 한다.

언론은 받아쓰기와 베껴 쓰기를 하지 말아야 한다

1945년 9월 9일 미군은 서울에 들어왔다. 38도선 이남 지역에 군정을 선포한 미군은 조선총독부 정문에 걸린 일장기를 내리고 성조기를 게양했다. 할복을 시도했지만 살아남은 조선총독 아베 노부유키는 항복 문서에 서명하고 살아서 돌아갔다.

일본을 몰아내 준 미군에 대해 한국인들은 해방군으로 여겼다. 하지만 미군은 점령군으로서 한국인을 대했다. 미국인 기자 마크 게인은 "우리는 해방군이 아니었다. 우리는 점령하기 위해서 한국인이 항복 조건에 복종하는가 않는가를 감시하기 위해서 왔다. 상륙 제1일부터 우리는 한국인의 적(敵)으로 행동했다."고 썼다. 점령군 사령관 하지는 일제의 통치 기구를 그대로 활용해 남한을 통치했다. 일본에서 군주(君主) 행세로 세월을 보내고 있던 맥아더에게도 한국 문제는 안중에 없었다.

1943년 카이로 회담에서 '적당한 시기에 적당한 절차'를 거쳐 한국을 독립 시켜 준다던 약속에서 '적당'이 언제인지는 아무도 몰랐다. 미국의 루스벨트는 1945년 2월에 얄타에서 만난 소련의 스탈린에게 20~30년간 한국을 신탁 통치하자고 제안했다.

미국은 2차 대전이 끝나고 식민지에서 해방된 국가를 신탁 통치하려 했다. 미국에게 정치적·경제적인 이익을 가져다 줄 수 있는 최상의 방법이었기 때문이다. 1945년 12월 16일 모스크바에서 미·영·소

의 외상이 모였다.
모스크바 3상 회
의에서 미국은 신
탁 통치 안을 제
출하였고, 소련은
임시 정부 수립을
내용으로 하는 수
정안을 제출하였
다. 결국 소련 안
에 미국 안을 절
충하여 민주적인
임시 정부 수립과
이를 위한 미·소
공동 위원회의 설치, 새로 수립된 임시 정부와 협의를 거친 최고 5년간
의 신탁 통치 등이 결정되었다.

　회의의 결과는 곧바로 한반도에 전해졌다. 석간이었던 동아일보
는 1945년 12월 27일자(발행은 26일) 1면 기사 제목으로 '소련은 신
탁 통치 주장, 미국은 즉시 독립 주장, 소련의 구실은 38선 분할 점
령'을 냈다. 조선일보도 27일자에 '조선의 자주 독립은 어데로, 독립

신탁론 대립, 미국은 즉시 독립을 주장'이라고 보도했다. 원래 기사의 소스였던 UP(United Press · 현 UPI)에도 같은 기사가 남아 있다. 남한의 신문들은 워싱턴에서 전해온 미국의 입장을 그대로 '받아쓰기' 한 것이다. 이 기사는 1946년 1월 24일 소련이 타스통신을 통하여 모스크바 3상 회담의 경과와 탁치안의 원래 제안자가 미국이라는 사실을 공개함으로써 오보임이 밝혀졌다.

38선 이남을 지배하며 언론 검열에 철저했던 미군정은 동아일보와 조선일보의 기사에 아무런 제재를 하지 않았을까. 미국에 쏟아질 비난을 소련 탓으로 돌리게 하려는 의도였을까.

신탁 통치 소식에 전 국민은 너나없이 분노했다. 신탁 통치 반대는 애국 운동의 상징이었다. 그동안 어둠속을 전전하던 김창룡 · 노덕술 같은 친일파들은 거리를 활보하며 '반탁'을 외치는 반공 투사 애국자로 행세했다. 모스크바 3상 회의를 지지하는 좌익에겐 '매국노'란 꼬리가 붙었다. 신탁 통치 오보사건은 남한을 극렬한 혼란과 대립으로 이끌었다. 오보를 인정한 동아일보 사장인 송진우조차도 반탁 세력들에게 암살당했다.

역사에 만약이란 없지만 모스크바 3상 회의 결정안을 제대로 보도했더라면, 우리가 겪고 있는 현재의 모순은 존재하지 않았을까. 늦었지만, 이제라도 언론과 찌라시는 구별해야 한다.

'잎새에 이는 바람에도 나는 괴로워했다'

1937년 젊은 문학청년 윤동주가 연희전문에 입학하던 시절에 만주 곳곳으로 황군이 들어왔다. 오래전에 나라를 빼앗긴 조선은 말과 글을 쓰지 못했고, 징병과 공출로 신음했다. 식민지의 어둠이 짙어질 때 "등불을 밝혀 어둠을 조금 내몰고, /시대처럼 올 아침을 기다리는" 반듯한 청년 윤동주는 끝내 아침을 보지 못하고 쓰러졌다. 오뚝하고 곧은 콧날, 크고 선한 눈망울, 유난히 흰 살결의 청년 윤동주는 1917년 만주 간도 명동촌의 유복한 집에서 태어났다. 항일감정이 특출난 마을에서 어린 동주에게 사촌형 송몽규와 친우인 문익환의 영향은 컸다.

1932년 윤동주는 고향 명동을 떠나 용정에 있는 기독교계 학교 은진중학교에 입학한다. 은진중학교 때의 그의 취미는 다방면이었다. 축구 선수로 뛰기도 하고 밤늦게까지 교내 잡지를 내느라고 등사 글씨를 쓰기도 하였다.

윤동주는 불같이 행동하는 실천적인 투사가 아니다. 그는 외부의 압력에 적극적인 저항을 하지 못하고, 이를 용납하지 못하는 양심의 괴로움으로 슬퍼하는 내면적인 사람이다.

"죽는 날까지 하늘을 우러러 /한 점 부끄러움이 없기를 /잎새에 이는 바람에도 괴로워했"던 윤동주는 일본으로 건너가 도시샤대학 영문과에 입학한다.

윤동주 육필원고

1943년 7월, 여름방학을 앞두고 귀향 준비를 서두르다 윤동주와 송몽규는 사상범으로 교토경찰서 고등계에 검거된다. 이들의 죄명은 '사상불온·독립운동·비일본신민·서구사상 농후' 등이다. 그러나 이들이 실제로 독립운동을 했다는 증거는 없다. 윤동주는 2년 형, 송몽규는 2년 6개월 형을 선고받고 후쿠오카 형무소에 수용된다.

1945년 간도 명동촌의 집으로 윤동주의 사망을 알리는 전보 통지서가 날아든다. "2월 16일 동주 사망, 시체 가지러 오라." 아버지 윤영석이 당숙 윤영춘과 함께 시신을 넘겨받으러 일본으로 떠난 며칠 뒤 다시 "동주 위독함, 원한다면 보석할 수 있음, 만약 사망 시에는 시체를 인수할 것, 아니면 규슈제국대학 해부용으로 제공할 것임."이라는 내용의 우편물이 늦게 도착한다. 복도에 들어서자 푸른 죄수복을 입은 조선인 청년 50여 명이 주사를 맞으려고 시약실 앞에 쭉 늘어선 것이 보였다. …몽규가 반쯤 깨어진 안경을 눈에 걸친 채 내게로 달려온다. 피골이 상접이라 처음에는 알아보지 못하였다. …"저놈들이 주사를 맞으라고 해서 맞았더니 이 모양이 되었고, 동주도 이 모양으로……." 윤동주의 시신을 수습한 윤영춘의 기록이다.

일제는 살아있는 사람들을 상대로 세균 실험을 했는데, 윤동주도 바로 그 생체실험에 이용되어 죽은 것이다. 말을 맺지 못하고 흐느끼던 송몽규도 그로부터 23일 뒤 윤동주의 뒤를 따른다. 방부 처리를 해놓아 윤동주의 시신은 말끔했다. '밤이면 밤마다 나의 거울을 /손바닥으로 발바닥으로 닦아 보자'. "이런 세상에서 시를 쓰길 바라고, 시인이 되길 원했던 게 부끄러워"하다 적국의 땅에서 스물여덟의 생을 마감했던 시인 윤동주. 그가 남긴 '참회록'을 읽은 적이 없어 보이는 대한민국 정치인들은 그저 앵무새처럼 '서시'만을 암송한다. 그들은 부끄러움을 모른다.

독립을 위해 무엇을 할 것인가?

1919년 4월, 대한민국 임시정부의 수반에 이승만을 선출하겠다는 참석자들에 실망한 신채호는 분노했다. "이승만은 이완용보다 더 큰 역적이다. 이완용은 있는 나라를 팔아먹었지만, 이승만은 없는 나라를 팔아 먹었다." 상하이의 회의장을 박차고 나온 신채호는 1923년 의열단 선언문을 썼다.

제1차 세계대전이 끝난 1919년 1월 18일, 파리에서 개최된 강화회의에 미주의 최대 항일 한인 단체인 대한인 국민회 중앙 총회는 이승만과 정한경을 파견하기로 했다. 하지만 일본을 의식한 미국이 여권 발급을 보류하여 이승만은 파리에 가지 못했다. 이 무렵 신한 청년단 대표로 파리에 가 있던 김규식은 난처한 상황에 빠졌다. 그는 미국 대통령 윌슨에게 위임 통치 청원을 요청한 이승만을 대통령으로 선출한 이유를 해명해야 했다.

3·1운동 이후 서울의 한성 정부, 연해주의 대한 국민 의회, 상하이의 임시정부가 통합하여 세운 대한민국 임시정부는 미국을 비롯한 강대국을 상대로 한 외교활동에 온 힘을 쏟았지만 결과는 참담했다. 파리 강화 회의에 임정 대표 자격의 참여는 거절당했고, 조선 문제에 대해서는 한마디의 언급도 없었다. 1921년 11월, 워싱턴에서 열린 태평양 회의도 마찬가지였다.

이때 새로운 독립운동의 방향을 정하기 위해 국내외의 항일 대표

1913년 이승만과 박용만 등 미국 하와이 교포사회 리더들.

100여명이 모여 국민대표회의를 열었지만, 창조파와 개조파의 대립은 극복되지 못했다. 항일 운동가들이 하나 둘 떠나가버린 임시정부의 위상은 사라졌다. 독립운동의 첫 번째 원칙이 실패했으면 그 다음 목표를 바로 세웠어야 했지만 임시정부는 방황했다. 1925년 3월 11일에 이르러서야 임시의정원은 이승만 대통령을 탄핵했다.

　'임시 대통령 이승만은 시세에 암매하여 정견이 없고, 무소불위의 독재 행동을 감행하였으며, 포용과 덕성이 결핍하여 민주주의 국가 정부의 책임자 자격이 없음을 판정함. 임시 대통령 이승만이 대한민국 임시 헌법을 기탄없이 저촉하였고, 국정을 혼란시켜서 국법의 신성과 정부의 위신을 타락하게 하였음을 판정함. 임시 대통령 이승만의 범과 사실을 심리하고, 대한민국 임시헌법 제4장 제21조 제14항에 의하여 탄핵 면직에 해당함을 판정한다.'는 탄핵사유는 엄중했다.

대한민국 임시정부 의정원은 미국의 조선위임통치안을 주장하는 이승만을 탄핵하여 대통령에서 해임시키고, 임시대통령 박은식의 지휘 아래 대통령 중심제에서 국무령 중심의 내각책임제로 개헌하는 동시에 무장운동 노선으로 전환하면서 만주 무장운동의 상징적 존재인 이상룡을 국무령에 추대했다.

1945년 해방이 될 때까지 주요 강대국들은 임시정부의 합법성을 승인하지 않았다. 미국이 임시정부를 승인하지 않은 이유는 '임정의 합법성 인정은 일본에게 불안감을 일으키게 할 뿐만 아니라, 이 때문에 일본과 협력하여 안정을 꾀하려는 동양 평화가 방해받는다.'는 것이다.

이승만의 대통령 선출을 강력하게 반대했던 신채호는 1923년 '조선 혁명 선언'에서 외교 독립론이 아닌 무장 투쟁을 역설했다. "우리는 민중 속에 가서 민중과 손을 잡고 끊임없는 폭력·암살·파괴·폭동으로써, 강도 일본의 통치를 타도하고, 우리 생활에 불합리한 일체 제도를 개조하여, 인류로서 인류를 압박지 못하며, 사회로써 사회를 수탈하지 못하는 이상적 조선을 건설할지니라."

평생을 현장에서 활동한 신채호는 1936년 뤼순 감옥에서 옥사했다.

일제강점기가 우리에게 말한다

'역사를 배우는 것은 반성하기 위함이요,
반성하지 않는 역사는 배울 필요가 없다.'라는 전제는
우리 삶 속에서도 계속되어야 한다.
오늘 알고 있는 사실만이 전부가 아니기 때문이다.
"전 세계 주류 언론은 스스로 자기 검열을 한다.
어떤 사안에 대해서는 신뢰할 만 하지만 다른 사안에서는 그렇지 않을 수도 있다." 는
줄리안 어샌지의 시선을 따라가려 했다.
잡히지 않아서 어설펐다. 허술함의 운명을 거스르는 몸은 늘 곤고한 가운데 허덕거렸다.
알맹이와 쭉정이를 가려내야 하는 시대, 재 출발 하자.

5

대한민국의
역사타파

한강은 알고 있다. 누가 서울을 버렸는지…

   고구려의 승려 도림과 백제의 개로왕이 바둑을 두고 있다. 왕은 도림의 말을 듣고, 백제의 강성함을 과시하기 위한 대규모 공사를 시작했다. 백성들을 징발하여 성벽을 쌓고, 궁궐을 화려하게 증축했다. 대규모 공사에 백제의 창고는 비어갔다. 많은 사람들이 공사장에 끌려가 농사조차 제대로 짓지 못했다. 백성들은 굶주렸고, 군사들의 무기와 군량 보급은 제대로 이루어지지 않았다.

   기회를 잡은 고구려의 장수왕은 475년 백제 정벌을 단행했다. 고구려의 공격 소식에 개로왕은 크게 놀랐다. 그는 태자 문주를 불렀다. "내가 어리석어서 간사한 자의 말을 믿어 나라를 망쳐놓았다. 백성들이 흩어지고, 군사들도 약하니, 지금 고구려 군대를 막기가 어렵다. 나는 마땅히 적과 싸우다가 죽어야겠지만, 너는 우선 난리를 피하였다가, 다시 백제를 일으켜 주길 바란다." 하지만, 개로왕은 고구려군에게 붙잡혀 아단성 아래로 끌려가 죽임을 당했다. 그

뿐만 아니라 대부분의 왕족은 몰살당하고 남녀 8천 여명은 포로로 끌려갔다.

1592년 4월 30일 새벽 2시경, 장대비가 내리는 칠흑 같은 밤이었다. 선조가 창덕궁 인정전에서 북쪽으로 도망가는 말에 올랐다. 믿었던 신립은 4월 28일 충주 탄금대에서 패했다. 소식을 들은 선조는 즉시 피난을 결심한다. 한양을 사수하자는 대신들의 의견은 철저하게 무시됐다.

한강을 사수하라 명령을 받은 도원수 김명원도 도망갔다. 군사들은 흩어지고 성난 민심에 의해 불타버린 한양의 숭례문(남대문)으로 가토미요마사가 입성했다. '성문은 활짝 열려 있었다. 도성 안에는 아무도 없어 너무 고요

조선시대 한양을 담은 '수선전도'

했다'고 기록했다. 고니시유키나가는 흥인지문(동대문)으로
들어 왔다. '성문은 닫혀 있었으나 아무런 저항도 없이 무혈
입성했다'라고 썼다.

　조선은 싸우지 않고 한양을 버렸다. 궁궐은 잿더미로 변

했고, 도성(都城)의 몰골은 참담했다. 일본군이 들어 온 그 날은, 1592년 5월 2일이다.

1950년 6월 28일 새벽 2시 30분에 한강다리가 끊어졌다. 대한민국의 대통령 이승만은 이미 서울을 떠났다. 전면적인 북한군의 공격에 이승만은 서울을 포기하기로 결정한다. 26일에는 한강다리 폭파준비가 지시된다. 27일 새벽 4시에 대통령은 특별 열차에 몸을 실었다.

아침 8시 비상국회에 참석한 육군참모총장 채병덕은 "근일 중에 백두산에 태극기를 꽂는다"라고 보고했다. 고무된 국회의원들은 "100만 서울시민과 함께 수도를 사수한다"는 만장일치로 결의했다. 대전에 도착한 이승만은 전화로 녹음한 국민격려 방송을 실시한다. 서울시민들은 대통령도 우리와 함께 서울에 있다고 생각했다.

다리가 무너지는 순간, 수백 명의 피난민과 군인들은 한강물에 휩쓸려 갔다. 100만의 서울시민들과 미아리 고개를 사수하던 군인들을 버려둔 채, 서울을 지키겠다는 정부의 약속을 믿으라던 녹음 방송 4시간 만에 수도 서울은 허무하게 처절하게 무너졌다.

더 빨리·더 멀리 도망가고 싶었던 선조, 도망갔다는 사실을 감추고 싶은 이승만에게 개로왕은 묻고 싶을 것이다.(대신 묻는다.) '내가 저들보다 못나고 어리석은 지도자인가.'

경복궁과 총독부, 경무대와 청와대
−최고 권력자가 살고 있다

　중앙 집권 국가를 완성한 삼국시대 이래로 수도 주변에는 산성과 도성을 쌓고 마지막으로 궁성을 지었다. 적의 침략을 막기 위한 산성과 도성에 비해 궁성은 의장용이었다. 광화문 뒤로 경복궁의 근정전 지붕이 외부에서 보이도록 지은 의미는 왕의 궁궐을 백성들이 쳐다 볼 수 있도록 한 의미가 담겨있다.

　몰락한 왕조의 궁궐은 일본제국 식민 지배의 도구로 전락하며 철저히 농락당했다. 광화문은 허물어지고 근정전 앞에는 철옹성 같은 조선총독부가 들어섰다. 총독부 뒤편에는 1939년 미나미 총독의 관저를 짓는다. 도둑처럼 찾아왔다는 해방은 미군과 소련군에 의해 분할되고, 남한에 들어 온 미군 사령관 하지는 총독 관저를 그대로 사용한다. 지배자가 일본에서 미국으로 변했다는 것은 조선총독부 마당에 일본기 대신 미국기가 펄럭거림으로 분명해졌다.

　1948년 8월 15일 대한민국 정부가 공식 출범한다. 이승만 대통령의 관저는 경무대로 불렸다. 정식 명칭이 〈경무대 대통령 관저〉로 12년 집권 기간 동안 철통보안(?)이 유지된 곳이다. 원래 경무대 이름이 붙은 것은 흥선대원군이 경복궁

청와대

을 중건한 뒤의 일이다. '대'란 을밀대, 태종대처럼 높은 곳
에 펼쳐진 평지란 뜻이다.

높은 곳에다 지은 건물 이름 그대로 군림하려는 권력자
이승만은 정권 연장을 위한 다양한(?) 개헌 퍼포먼스를 보
여줬다. 스스로 고립을 원했던 경무대가 국민과의 소통을
제대로 할 수는 없었다. 그의 몰락은 그의 책임이며, 국민의
승리였다. 4·19 혁명이후 윤보선은 국민의 원성을 받았던
경무대의 이름을 청와대로 바꾼다.

물론, 이름을 바꾼다고 능사는 아니다. 그곳에 살고 있는
사람의 수준이 이름의 품격을 결정해 주는 것이다.

2016년, '최순실' 사건으로 청와대 압수수색이 진행됐으
나 결국 무산됐다.

하지만 국민을 이기는 권력은 없다. 5년의 세입자를 바꿀
수 있는 주인은 '국민'의 명령뿐이다.

4·19혁명

역사학자와 판사의 차이는?

법은 산 사람을 심판하고 역사는 죽은 사람을 심판한다. 이런저런 변명과 각종 증거를 제시하며 저항(?)할 수 있는 산 사람을 심판하는 것은 쉽지 않다. 때문에 죽은 사람을 심판하는 것이 훨씬 쉬워 보인다.

판사가 당대의 권력자들을 심판하는 경우는 흔하지 않지만 역사학자들이 심판해야 하는 대다수는 권력자들이다. 판사가 못하는 살아있는 권력자의 심판을 역사가는 죽은 다음에는 제멋대로 심판할 수 있다. 그렇다고 판사에 비해 역사가들이 정의로운 것은 아니다.

1960년 4월 26일 라디오를 통해 이승만의 중대 성명이 흘

러나왔다. "국민이 원한다면 대통령직을 사임하겠다. 3·15 선거에 부정이 있었다 하니 선거를 다시 하도록 지시하였다." 는 내용이었다. 4·19 전후로 사망한 학생과 시민에 대한 진정한 사과도 하지 않은 이승만은 하와이로 몰래 떠났다.

시인 김수영은 분노했다. "그 지긋지긋한 놈의 사진을 떼어서 조용히 개굴창에 넣고 썩어진 어제와 결별하자. 그놈의 동상이 선 곳에는 민주주의의 첫 기둥을 세우고 쓰러진 성스러운 학생들의 웅장한 기념탑을 세우자. 아 아, 어서어서 썩어빠진 어제와 결별하자."며 〈우선 그놈의 사진을 떼어서 밑씻개로 하자〉는 시를 발표했다.

저급한 정치인에게 역사의식 없는 국민은 다루기 쉬울 것이다. 국민의 역사의식을 권력의 의지대로 바꿀 수 있다고 생각하는 정치인들이 여전히 많은 대한민국이다. 수준 낮은 정치에 의해 당하지 않으려면 바른 역사공부가 필요한 이유이다.

김수영이 '썩어 빠진 어제와 결별하자' 외친지 50년이 더 지났어도 아직도 우리는 어제는 고사하고 오늘과도 결별하지 못하고 있었다. 그러나 촛불민심에서 확인된 적폐 청산, 나라다운 나라를 만들 수 있는 기회의 벚꽃 대선의 결과는 살아있는 권력자도 심판할 수 있음을 증명했다.

선조와 이승만의 닮은 꼴, 다른 꼴

임진왜란은 음력으로 1592년 4월 13일
(양력 5월 23일) 시작됐다. 선조는 4월 30
일 새벽에 한양을 탈출했다. 분노한 백성
들은 형조와 장례원을 불태웠다. 선조는
개성·평양·영변을 거쳐 6월 22일에 의주
에 도착했다. 조선의 영토에선 최전방이지
만 조선의 임금은 끝이 아니었다. 압록강
을 건너 명나라로 갈 수 있다는 생각이 있
었다. 하지만 선조는 명나라 망명 계획을
포기했다. 그 해 6월 26일자 〈선조실록〉에
따르면 명나라가 선조를 푸대접 할 것으로
보인다는 첩보를 입수한 뒤였다. 명은 선
조가 국경을 건너오면 망명 정부를 압록강
인근의 전방 군사기지인 관전보에 마련해
줄 계획이었다. 선조는 이때쯤 체면을 생각

하기 시작했다.

1950년 6월 27일 새벽 2시, 대통령 이승만은 주저 없이 서울을 떠났다. 서울역에서 준비한 비상 열차를 탔다. 장관들도, 군 수뇌부도, 국회도 모르게 혼자 가버렸다. 국군 통수권자인 대통령이 위험에 빠질까봐 몰래 떠났을 수도 있다. 하지만 대구까지 내려가서는 너무 멀리 왔다고 생각했는지 대전으로 올라온다. 라디오 방송 담화를 통해 '정부는 서울을 사수할 것'이라며 국민을 안심시켰다.

대통령이 떠나고 2시간 뒤인 새벽 4시에 이승만은 수원 천도를 결정했다. 만약 이 정도로 끝났다면 이승만과 선조는 고만고만한 지도자라고 할만하다. 비슷하다고 하면 지하의 선조가 화낼 만한 사건이 이승만에게는 추가된다. 1996년 4월 14일자 〈조선일보〉를 포함한 국내 언론들이 일본 교도통신을 인용해서 보도한 내용이다. 북한군이 서울을 점령하기도 전에 이승만은 이미 일본 망명 계획을 세웠다. 교도 통신이 제시한 자료는 전 야마구치현 지사이자 전 통산성 장관인 다나카 다쓰오가 쓴 회고록과 미국 국무부가 발행한 〈미국 외교관계〉다.

1950년 7월 14일, 미국 주도의 유엔군이 꾸려지기도 전에 대통령 이승만은 맥아더 유엔군 사령관에게 편지를 보내 한국군의 작전 지휘권 일체를 이양하겠다고 밝혔다. 한국군이 전시와 평시를 포괄하는 개념의 작전 통제권을 외국인에게 넘겨준 것이다. 당시 이 대통령은 편지에서 "본인은 현 작전 상태가 계속되는 동안 일체의 지휘권을 이양하게 된 것을 기쁘게 여기는 바이며, 지휘권은 귀하 자신 또는 귀하가 한국 내 또한 한국 근해에서 행사하도록 위임한 기타 사령관이 행사해야 할 것"이라고 밝혔다.

미국을 통해 대한민국 망명 정부를 세우는 준비에 착수했다. 망명 정부의 기지로 예정된 곳은 한국과 가까운 야마구치 현에 6만 명을 수용할 수 있는 숙소를 만들 계획이었다. 전쟁 초기에 진행된 망명 작전은 유엔군의 인천상륙작전 성공을 계기로 무산되었다. 임진왜란과 한국전쟁은 조선과 대한민국의 역사에 끼친 영향이 크다. 선조와 이승만은 전쟁의 책임에서 자유로울 수 없지만, 사대의 나라 명나라에 피신하려고 한 선조와 악랄한 식민통치를 자행한 일본에 망명 정부를 꾸리려고 한 이승만은 다르게 해석해야 한다.

평시 작전 통제권이 한국군으로 넘어온 것은 1994년 12월 1일이다. 전시 작전 통제권을 한국군에 전환하기로 한 것은 2012년 4월 17일 이었다. 아직 전작권은 미국에게 있다. 대한민국 정부는 전환을 연기하고 있다.

완벽하게 이길 수 있는 전쟁에서 이기지 못한 맥아더

 "휘하의 전 부대를 동원하여 최대한의 속도로 압록강과 두만강 국경선까지 진격하라." 맥아더가 1950년 10월 24일, 미 제8군 사령관과 미 제10군단장에게 내린 명령이었다. 파죽지세로 올라 간 미군을 막아선 군대는 북한군이 아닌 중국군이었다. 중국군이 잘했다기보다 미군 측에 결정적인 실책이 있었기 때문이다.

 맥아더의 공격 명령은 한국과 중국의 국경선을 향해 제한 없는 총공격을 하도록 한 것이다. 진급을 위해 승리가 필요한

부대들은 앞 다투어 압록강과 두만강으로 진격해 나갔다. 각 부대들 사이에 경쟁이 붙여진 셈이다. 이런 상황에서 부대 사이의 협조는 원만할 수 없다. 먼저 국경에 도착하고자 하는 각 부대 지휘관들이 다른 부대의 진격에 협조할 리가 만무했기 때문이다.

여기에는 편제상의 문제도 작용했다. 서부전선의 미 제1군단과 제9군단은 미 제8군단장 워커 중장의 지휘를 받고 있었던 반면, 동부전선의 미 제10군단은 도쿄에 있던 맥아더의 통제를 받고 있었다. 미 제10군단은 아몬드 소장이 지휘했는데, 그는 맥아더의 명령을 직접 받았다.

기동력이 좋은 부대들은 해안도로를 따라 신속하게 북진했다. 뒤따라 북진하는 부대들은 이미 지나간 길이 아닌 다른 길을 선택한다. 그 다른 길이란 상태가 좋지 않은 내륙의 산길이다. 후발 부대와 선발 부대 사이의 간격이 점점 벌어졌다. 이 바람에 동, 서 양쪽 전선에 80km가 넘는 커다란 틈이 생겼음은 말할 것도 없다.

42만 명의 유엔군은 11월 24일 '크리스마스 대공세'를 시작했다. 11월 말에 시작된 작전의 이름이 '크리스마스'인 것부터가 크리스마스까지는 전쟁을 끝내겠다는 의사를 분명히 하고 있었던 것이다. "적은 재기할 능력이 없으니 압록강까지 진격하라! 크리스마스에는 가족과 재회할 수 있을 것이다." 미군과 유엔군은 북진하는 데만 신경 쓸 수밖에 없었다.

공세는 며칠 못가 실패했고, 11월 30일을 기하여 모든 부대가 철수해야 했다. 분산된 미군은 수시로 포위당했다. 앞서 국경까지 진격한 부대와 뒤따라가는 부대 사이의 공백지대로 중국군은 별 저항을 받지 않고 숨어들었다. 중국군은 전선의 틈을 간신히 메워주고 있던 국군부터 집중 공격한 다음 미군을 포위하는 작전을 펼쳤다. 이런 상황에 직면한 국군과 유엔군 병사들은 중국군이 압도적인 병력으로 인해전술을 쓴다고 생각했다. 북과 꽹과리를 치며 불쑥불쑥 나타나는 중국군의 원시적인 전술 앞에 미군은 혼비백산 허둥댔다. 영하 30~40도의 혹한 속에서 미군은 2주일 동안 약 250km를 후퇴했다. 미국 대통령 트루먼은 맥아더의 크리스마스 총공격이 실패로 돌아가자 경악했다. 맥아더의 만주 원자폭탄 폭격은 현실화 카드로 준비됐다. 트루먼은 기자 회견을 통해 한국전쟁에서 원자폭탄 사용을 적극 고려하고 있다고 발표했다.

세계의 여론은 들끓었다. 대부분 나라가 원자폭탄 사용 계획을 비난했고, 미국 국내에서도 비판적인 입장이 강했다. 미국 다음으로 지상군을 많이 파견한 영국도 반대 의사를 분명히 했다. 세계적인 반대 여론과 소련도 핵무기 사용 가능 정보에 미국은 원자폭탄 사용 카드를 접었다.

"미합중국은 군대의 최고통수권자이며 대통령인 나의 임무가 현재 미군 참모총장이며 미 극동군 사령관이자 유엔군 사령관인 귀관을 대신할 사람을 뽑아야 하는 점이라는 것에 대해 대단히 유감으로 생각하오." 1951년 4월 11일, 트루먼은 맥아더를 전격 해임했다. 전쟁은 2년 3개월 동안 이어졌고, 원자폭탄은 사용되지 않았다.

우리로서는 천만 다행이다.

대한민국이 우리에게 말한다

어디 새싹이 나오지 않았나, 하고 성복천변을 자주 걷다보니 문득 깨우친 것이 있다.
그것은 연두색 봄빛이 가장 먼저 나오는 것은 풀이나 버들가지가 아니라
무심히 지나쳐 버린 광교산 소나무의 솔잎이라는 사실이다.

꼿꼿하게 선 채로 한겨울과 싸워 온
소나무의 검푸른 잎 사이로 연초록 새순이 피어나는 것이, 당
연한 일인 듯 하여 아무도 알지 못하고 지나친 것이다.
추사 김정희가 제주도 그 먼 유배길을 찾아와 준
제자 이상적에게 그려 준 〈세한도〉의 참된 가치를
눈으로만이 아닌 마음으로 봐야하는 이유다.

호지무화초 춘래불사춘(胡地無花草 春來不似春)이 아닌
2017년 봄날을 잊지 않아야 하는 이유가 하나 더 생겼다.

적폐역사 개념역사

LESSONS OF HISTORY